Inhalt

Liebe Leserinnen und Leser,

nach unseren thematisch strukturierten Heften *Vatertöchter – Muttersöhne* und *Geschichte, Politik und Deutung* versammelt dieses letzte Heft des Jahrgangs XVII zwei klinische und eine theoretische Arbeit sowie den Abdruck eines Panels zu Ehren von Wolfgang Loch, das in Nizza beim 42. IPA-Kongreß 2001 stattgefunden hat.

Im ersten Teil finden Sie zunächst die Arbeit von *Benigna Gerisch*, die von der Behandlung einer Patientin zum Nachdenken über die Idylle angeregt, ja von den Phantasien der Patientin einer unbewegten, stillstehenden idealen Zeit als Bebilderungen ihres Ich-Ideals fast dazu gezwungen wurde. Die Autorin läßt uns daran teilnehmen, wie sie die Idylle ikonographisch anhand der paradigmatischen Darstellungen Arkadiens bei Poussin und Watteau kennenlernte und bei ihrer Patientin als Sehnsucht nach dem Stillstehen, der Perfektion im Moment, der für immer bleiben möge, wiederfand; diesmal allerdings als Abwehrorganisation im Rahmen einer psychosomatisch symptomatischen Persönlichkeitsstruktur, die – auf der Basis einer Traumatisierung – in der Idylle die Befreiung von der Not der Nähe und der Not der Aggression zu finden hoffte. Et in Arcadia ego – *Auch ich war in Arkadien: Der traumatische Einbruch in den idyllischen Raum* heißt Frau Gerischs Text, der die Bewegung dieser Analyse hin in das Risikogebiet der Begegnung nachvollziehen läßt.

Die zweite Patientin dieses Heftes, Frau A., ist eine Frau mit chronischen Nacken- und Kopfschmerzen, die sich durch Perfektionslust und Leistungsgier symptomfrei zu halten versucht. Ihre Analytikerin *Christel Böhme-Bloem* hat aus ihrem Bemühen, die Patientin zu verstehen, eine Arbeit geschrieben, die den Symbolisierungsprozeß in seinen entwicklungspsychologischen Zusammenhang setzt und dabei verschiedene Konzepte einander gegenüberstellt. Insbesondere ist es der Autorin darum zu tun, das, was sie im Titel *Das Ergriffene im Begriff* ausdrückt, darzustellen, nämlich wie aus der taktilen Empfindung ein Symbol wird. Es stellt sich heraus, daß diese Überlegungen direkt klinisch nützlich sein können, wie die Autorin von ihrer Arbeit mit ihrer Patientin berichtet.

Siegfried Zepf, Judith Zepf und Sebastian Hartmann haben sich eines alten Themas der Psychoanalyse zugewandt und eine subtile begriffliche Klärung unternommen: Ihre Arbeit *Agieren, Symptom- und Ersatzhandlungen. Versuch einer konzeptuellen Klärung* grenzt die einzelnen Bereiche voneinander ab und reseviert jedem der im Titel genannten Abwehrvorgänge sozusagen ein eigenes Revier. Begriffliche Klärungen sollten mittelfristig ja zu konzeptueller Genauigkeit beitragen, es fällt nun der psychoanalytischen Öffentlichkeit zu, die hier vorgeschlagene Klärung anzunehmen oder abzulehnen.

Den Abschluß dieses Jahrgangs bildet der Abdruck eines Panels vom Kongreß in Nizza, das dem Werk Wolfgang Lochs gewidmet war und einen Impuls gab, diesen für den deutschen Sprachraum so wichtigen Theoretiker auch international vorzustellen. Wir benutzen gerne die Gelegenheit, diese Vorstellung zurück in die Sprache und das Umfeld Lochs zu bringen. *Peter Wegner* gab bei diesem Panel eine kurze Einführung in Lochs Vita; *Josef Dantlgraber* stellte anschließend in einem zentralen Vortrag die Kernpunkte von Lochs theoretischen Auffassungen dar. Dieser Vortrag fand dann mit *Eglé Laufer* eine kenntnisreiche und kritische erste Kommentatorin, die auch biographisch über gemeinsame klinische Seminare lange mit Wolfgang Loch verbunden war; und *Owen Renik* fügte aus amerikanischer interaktiver Sicht in seinem zweiten Kommentar noch ein ganz eigenes Verständis Lochs hinzu.

Die auf diese Texte folgende Rezension von *Anna E. Landis* schließt auch in inhaltlicher Hinsicht an, behandelt sie doch die Veröffentlichung der Vorlesungen von Wolfgang Loch, die unter dem Titel *Mit Freud über Freud hinaus* von J. Dantlgraber und W. Damson herausgegeben, vor kurzem erschienen sind.

Wien, am 10. Oktober 2002 — Bettina Reiter

Benigna Gerisch (Hamburg)

»Auch ich war in Arkadien«: Der traumatische Einbruch in den idyllischen Raum*

»Et in Arcadia ego«: Traumatic transgression into an idyllic space

»Ich wollte über den Tod schreiben,
da brach das Leben über mich herein.«
(Virginia Woolf, 1922)

Einleitung

Et in Arcadia ego – auch ich war in Arkadien – wirft sofort die Frage auf, wer dieses Ich ist, das da so keck behauptet, auch im Paradies gewesen zu sein. Diese Frage ist vom grammatikalischen und philologischen Standpunkt aus leicht zu beantworten: Die korrekte – und im Titelzitat bereits abgewandelte – Übersetzung lautet: »Selbst in Arkadien bin ich«, und das Subjekt Ego meint ganz unzweifelhaft den Tod (vgl. Panofsky, 1976). Schon jetzt ahne ich eine Enttäuschung bei dem einen oder anderen Leser, da der Titel nahelegt, sich auf eine idyllische Reise nach Arkadien einzustimmen. Wenn diese Vorfreude nun durchkreuzt wird, indem jäh der Tod einbricht, dann hat sich – eingedenk der Tatsache, daß erzählte Zusammenbrüche eigentlich sehr lange brauchen – zumindest atmosphärisch meine zentrale These bereits vermittelt. Denn der arkadische und idyllische Diskurs ist immer schon untrennbar mit der Anerkennung und Verleugnung bzw. dem Auftauchen und Verschwinden des Todes sowie seines plötzlichen Hereinbrechens verbunden. So stellt er sich als ein Oszillieren zwischen dem Unbewußten, das vom Tod nichts weiß, und der erzwungenen bewußten Wahrnehmung der eigenen Sterblichkeit dar. Auf erstaunliche Weise hat die Sentenz »et in Arcadia ego« über die Jahrtausende hinweg eine der Traumarbeit vergleichbare Verschiebung, Verdichtung und Entstellung erfahren, die vom personifizierten Tod bis hin zu seinem Gegenteil: »Auch ich bin in Arkadien geboren« reicht.

Die Verklärung Arkadiens ist keineswegs ein griechisches Erbe, denn in Theokrits Idyllen, die übrigens in sizilianischer Szenerie verortet sind, toben noch dramatische menschliche Tragödien, die sich zumeist um Liebe und Tod ranken. Erst bei Vergil mit seiner elegisch-römischen Hirtendichtung avancierte der arkadische Landstrich auf der Peloponnes zu einem imaginä-

* Erweiterte Fassung der Antrittsvorlesung im Rahmen der Verleihung der Venia Legendi am Fachbereich Medizin des Universitätsklinikums Hamburg-Eppendorf am 2.2.2001. Bei der Redaktion eingegangen am 1.12.2001.

Abb. 1 Poussin: *Et in Arcadia ego*

ren Reich vollendeter Seligkeit und stillen Friedens (vgl. auch Snell, 1976), obgleich oder gerade, weil er schroff und sehr gebirgig, vor allem aber kaum erreichbar war.

Bemerkenswert ist demnach, daß in der Folge nicht etwa die Realität dieser Landschaft selbst, sondern vielmehr die auf sie gerichteten Phantasien und Projektionen phantasmatisch ausgestaltete Kunstproduktionen hervorbrachten: So wurde beispielsweise in der Gartenkunst aus der gepriesenen wilden Natur der Idylle das frisierte und gezähmte »Paradiesgärtlein« (vgl. Uerscheln u. Kalusok, 2001).

Die Dissonanzen zwischen menschlichem Leid und vollkommener Umgebung löst Vergil in der Metapher der Abendstimmung auf und projiziert von nun an die universellen Tragödien in die Vergangenheit oder Zukunft. Zwar huscht schon bei Vergil flüchtig ein Grab durch Arkadien, aber dann verschwindet der Tod für viele Jahrhunderte, um erst, so paradox es klingen mag, in der Renaissance wiederbelebt zu werden. Der kaum rezipierte italienische Maler Giovanni Francesco Guercino brachte um 1618 das Et-in-Arcadia-ego-Thema erstmalig auf die Leinwand und assoziierte das Ego durch das klassische Symbol des Totenkopfes unmißverständlich mit dem Tod (vgl. Panofsky, 1976, S. 282ff.).

Aber erst das berühmte Gemälde – *Et in Arcadia ego*, hier in der *Abb. 1* in der zweiten Fassung um 1650 zu sehen – von Nicolas Poussin war ein »melancholischer Gegenschlag« (Bloch, 1976, S. 4) mitten in die arkadische Heiterkeit und stiftete in der Folge die bizarren Übersetzungswirren. Während die erste Fassung den dramatischen Einbruch des Todes in die Idylle zeigt, indem die Inschrift eines Sarkophags aussagt, daß auch in Arkadien, dem Land von Glück und Frieden, der Tod zu Hause ist, verschwindet diese Dramatik in der zweiten Fassung urplötzlich, und wir sehen die Hirten in Begleitung einer statuenähnlichen Frau in kontemplativer Vertiefung in die Sterblichkeit versunken. Von nun an setzte sich die euphemistisch-tröstliche Übersetzung durch, nach der der Verstorbene den Wanderer durch bukolische Gefilde über das Medium der Grabinschrift versichert, daß auch er in Arkadien gewesen sei. Diese elegische Interpretation gipfelte bei Goethe nicht nur in Charlottes Bemühungen, dem todesgeängstigten Eduard den Friedhof in einen »angenehmen Raum zu verwandeln, auf dem das Auge und die Einbildungskraft gern verweilten« (Goethe, 1809), sondern schließlich auch in seiner narzißtisch anmutenden toskanischen Verzückung: »Auch ich war im Land der Freude und Schönheit.« (vgl. Goethe, 1786-1788/1995)

Während die Struktur der Idylle in Arkadien mit ihrer wechselvollen Geschichte von Todesahnung und Todesverleugnung durch einsames Glück und Frieden geprägt ist, wird diese ein knappes Jahrhundert später im Mythos der Liebesinsel Kythera durch die Versöhnung der Geschlechter und die Friedfertigkeit der Menschen untereinander gestiftet.

Kaum ein Bild verkörpert so sehr das Genre der Idylle und der glückseligen Liebe wie die *Einschiffung nach Kythera* (*Abb. 2*) von Watteau (vgl. Held, 1985; Michel, 1984). Hier ist die dritte Fassung abgebildet, das sogenannte Berliner Bild, gemalt um 1719, das im Schloß Charlottenburg zu besichtigen ist. In fast enttäuschter Abkehr von Arkadien zeigt es die Abfahrt zur sagenhaften Insel Kythera, die man mit Zypern oder Curgo bei Kreta gleichsetzte. Sie war eine der ältesten Kultstätten der Göttin Aphrodite und repräsentierte als Liebesinsel über die Jahrhunderte hinweg den Ort der Glückseligkeit schlechthin. Mochte auch die Überfahrt stürmisch und dramatisch sein, verhieß sie doch, die Freuden der Liebe ohne ihre Leiden zu erleben. Das Genre des Liebesfestes, La Fête Galante, war gleich dem zwangfreien Glück des Goldenen Zeitalters oder Arkadiens ein utopisches Gegenmodell, in dem die Vorstellung geglückter, konfliktfreier Beziehungen ihren Ausdruck fanden. Aber auch dieses Bild, das es in drei Fassungen gibt, durchzieht ein eigenartiger Wandel: Während im Frankfurter Gemälde von 1710 sich auftürmende Wolken den Horizont verdüstern und damit die Legende belebten, daß Kythera, sobald man sie zu erblicken glaubte, ebenso plötzlich wieder verschwand, erscheinen in der Pariser Version von 1717 Umrisse ruinenhafter Gebäude im Nebeldickicht als unverkennbare Vorboten einer drohenden Gefahr, von Unheimlichem und Unwägbarkeiten.

Abb. 2 Watteau: *Einschiffung nach Kythera*

Zweifellos die lieblichste Variante ist die Berliner Fassung, in der von den Ruinen nur mehr eine von Putten umspielte dunkle Wolke geblieben ist, die aber doch ihre ersten unheimlichen Schatten auf den Zug der Liebenden wirft. Die Verstörung, die insbesondere vom Pariser Gemälde ausging, führte nicht nur zu einer Umbenennung[1] durch die königliche Akademie, sondern später zu der Annahme, das Bild zeige nicht etwa den Aufbruch, sondern vielmehr die Rückkehr von der Liebesinsel. Der Streit um Anfahrt oder Abfahrt verdichtete sich erst kürzlich in der Feststellung, es würde gar nirgendwo hingefahren, es bewege sich nichts, die Zeit stünde still (vgl. Bauer, 1980, zit. nach Michel, 1984).

Verlasse ich nun meine kunsthistorischen Betrachtungen und wende mich der von Elias (2000) aufgezeigten gesellschaftshistorischen Rezeption dieses Gemäldes zu, dann fällt – analog der Arkadienverwirrung – sofort auf, daß man sich bis zum Ende des 18. Jahrhunderts damit begnügte, sich an Watteaus Gemälde als einer Projektionsfläche erfüllter Wunschträume zu er-

1 Der ursprüngliche Titel, »Pilgerfahrt zur Kythera-Insel«, wurde durchgestrichen und anstelle dessen der Titel »Ein galantes Fest« – »une feste galante« – eingetragen, um damit offenbar das Beunruhigende zu tilgen und das Gemälde in das damals traditionelle Genre des idyllischen Kythera-Diskurses einzureihen (vgl. Elias, 2000, S. 23f.).

götzen. Dann aber, in den Nachwehen der Revolution im 19. Jahrhundert, wurde die Sehnsucht nach, wohl aber auch der heimliche Zweifel an dieser idyllischen Liebesinsel so groß, daß die Gesetze von Realität und Mythos – gleich der Funktionsweise des Unbewußten – aufgehoben wurden und sich nicht wenige aufmachten, diese sagenumwobene Insel aufzusuchen. Als der Dichter Gérard de Nerval von Kythera zurückkehrte, schrieb er, noch unter dem Eindruck des Entsetzens stehend, daß er eine kahle, häßliche Insel vorgefunden habe, von der ihm als Zeichen menschlicher Grausamkeit ein dreiarmiger Galgen entgegenstarrte, an dessen einem Arm eine Leiche hing. Nervals erschütterndes Erlebnis trieb einen literarischen Diskurs voran, in dem nun erstmalig der erschreckende Gegensatz zwischen Utopie und häßlicher Realität an sich zum Gegenstand der Veröffentlichungen wurde (vgl. Elias, 2000, S. 46f.). Mit bitterem Spott, so Elias, verhöhnte Baudelaire (1857) diejenigen, die geglaubt hatten, es könnte sich bei der Liebesinsel tatsächlich um etwas Wunderbares handeln: Seht her, genau betrachtet, »ein armes Land jetzt und ein finstrer Ort!« (1955, S. 250), ruft er in *Les Fleurs du Mal* denen entgegen, die noch immer nicht bereit sind, zwischen Traum und Wirklichkeit zu unterscheiden.

Theoretische Überlegungen zur Idylle und zum psychoanalytischen Raum

Mit diesen Betrachtungen bin ich vorerst wieder an den Anfang zurückgekehrt: *Et in Arcadia ego* – das heißt, man hätte nicht hinter die Leinwand schauen bzw. nicht hinfahren dürfen, denn die Idylle ist nicht mehr, aber auch nicht weniger als eine nicht selten überlebensnotwendige Abwehrstrategie gegen eine unerträgliche Realität, angefüllt mit sozialen Ungerechtigkeiten, Trennungen, Schmerz, Versagungen und Tod. Von Anbeginn, das wollte ich aufzeigen, ist der sich wandelnde Diskurs der Idylle implizit und explizit von dem durchzogen, zu dessen Abwehr er dient: der Todesangst in ihren mannigfaltigen Formen. Der bemerkenswerte Wandel in den Gemälden von Poussin und Watteau, insbesondere aber deren divergierende Interpretationen offenbaren das, was sie zu verbergen suchen: Man kann die Idylle ohne den Tod nicht denken. Mit Pontalis – im Rekurs auf Freud – gesagt: »Wir werden durch den Tod gelebt.« (1998, S. 209)

Mein Interesse an diesen Fragen wurde durch eine psychoanalytische Behandlung angeregt, in der sich *en miniature* diese innere Spannung von Idyllenbildung im Sinne einer Abwehrorganisation einerseits und Todesangst bzw. Angst vor dem identitätsauflösenden Zerfall andererseits abbildete. Diese Bewegung vom kunst- und kulturhistorischen Abriß der Idylle hin zur Welt der intrapsychischen Kindheitslandschaft verweist implizit auf die etymologische Bedeutung des Wortes Idylle, das sich vom griechischen eidyllion = Schilderung des Ländlichen, welches der Diminutiv von eidos = Bild ist, herleitet (Storfer, 1937, S. 237). Die Idylle ist also ein Bildchen, das im entsprechend kleinen Rahmen gehalten wird – und nichts anderes ist auch der psychoanalytische Raum, der einen umschließenden Rahmen für mikroskopische Binnenanalysen bereithält.

Vorerst aber möchte ich die ideologischen und strukturellen Konstanten im Idyllendiskurs mit Böschenstein-Schäfer (1977, vgl. auch 1974) sowie mit Ergänzungen von Thüsen (1986) wie folgt zusammenfassen:

- Vorherrschaft des Räumlich-Zuständlichen,
- Begrenzung und Umhegung des Raumes (mit einer Tendenz zur Kreisform),
- zyklische Zeitvorstellung,
- Bejahung der Sinnlichkeit und der äußeren Natur,
- Aufhebung oder zumindest Einschränkung gesellschaftlicher Gegensätze,
- Entfaltung des Menschen in Gesprächen und Kunst,
- Vorherrschaft von Frieden und Freundschaft (unter ausdrücklicher Abwehr kriegerischer und agonaler Leitbilder),
- Bevorzugung archaischer Lebensformen,
- Darstellung der Natur als eines gewährend-versorgenden Kosmos (vgl. S. 166).

Ich behaupte nun keineswegs, daß die Analyse eine Idylle sei, sondern ich will darauf hinaus, daß die psychische Matrix der Idylle wie die der Analyse mit ihren regressiven und unbewußten Prozessen analoge Charakteristika und bedeutsame Unterschiede aufweist. Zum einen, das zeigt auch die obige Merkmalsliste, werden das Idyllische und die Psychoanalyse durch zwei zentrale Achsen bestimmt: Raum und Zeit. Der Idylle ist immer ein begrenzter, abgeschlossener und zugleich haltgebender Raum immanent, wie auch die Analyse einen Raum – sowohl im konkreten wie auch im metaphorischen Sinne – bereithält, der es dem Patienten im günstigen Falle ermöglicht, seine unbekannten, verengten oder verstellten intrapsychischen Räume zu entdekken und zu erweitern. Die Idylle wird nicht selten als Synonym für regressive Zustände verwendet, aber bedeutsam ist, daß in der Idylle wie in der Analyse die Regression zwar befördert, aber durch den strukturgebenden Rahmen zugleich gehalten wird. Denn so primärprozeßhaft, archaisch und regressiv es in der Idylle wie auch in der Analyse zugehen mag, so bleibt die totale Regression, die zur Auflösung der Ich-Grenzen und zum Wahnsinn führen würde, in der Regel deutlich gezähmt.

Immerzu hat man es in der Idylle wie in der Psychoanalyse mit einem Innen und Außen zu tun, mit der Projektion des Innen in ein Außen, das auf diese Weise verzerrt und entstellt wird, und das Setting ist in besonderer Weise dazu angetan, das Böse im Außen – außerhalb des psychoanalytischen Rahmens – zu belassen und im Innern das Gute zu halten oder auch vice versa. Gerade in letzter Zeit haben unzählige Raummetaphern Einzug in die psychoanalytische Terminologie gehalten, wenn etwa vom Container, dem Übergangsraum, dem belüfteten Raum *(espace aéré)* oder dem sterilen Raum gesprochen wird (vgl. zusammenfassend Küchenhoff, 2001), und ich möchte diese Reihe nun durch den Begriff der Idylle ergänzen. Die Analogie von Psychoanalyse und Idylle resultiert zweifellos daraus, daß das analytische Setting, welches eigentlich Räume eröffnen soll, »um die von uns geschaffenen Illusionen zu verstehen, selbst einen äußerst potenten Stimulus für jene Wünsche darstellt, welche unsere Illusionen gratifizieren« (Bell, 1999, zit. bei Weiß, 2000, S. 4).

Die eindeutigere und innigere strukturelle Verwandtschaft besteht gleichwohl zwischen dem Idyllischen und den regressiv-infantilen Phantasien. So etwa, wenn schon Jean Paul in der *Vorschule der Ästhetik* von der Idylle als »Widerschein des früheren Kindlichen« (1804, S. 258f.) spricht. Aber in Ergänzung zu Feuerlicht, für den die Idylle »die lustbetonte Rückwendung zur eigenen Kindheit« (1933, S. 171) bedeutet, möchte ich hinzufügen, daß die Regression in den idyllischen Raum keineswegs mit einem fraglich erscheinenden primärharmonischen Urzustand identisch ist, da man sich auch an Freuds (1936a) Zweifel an einem »ozeanischen Gefühl« erinnert. Die Idyllenbildung verdankt sich nicht konkreter Kindheitserfahrungen, wenn man sich diese besser als ein permanentes Oszillieren zwischen Integration und Desintegration vorstellt, aber die anthropologische Konstante im Idyllendiskurs wie in regressiven Prozessen korrespondiert mit der *Sehnsucht* nach dem Mutterleib, »der ersten, wahrscheinlich noch immer ersehnten Behausung, in der man sicher war und sich wohlfühlte« (Freud, 1930a, S. 449).

Der wesentliche Unterschied zwischen der Idylle und der Psychoanalyse besteht offenkundig darin, daß erstere sich in jeder Hinsicht dem widersetzt, was den psychoanalytischen Prozeß kennzeichnet: Eröffnung neuer Räume – im Unterschied zur Einengung und Begrenzung –, die Bewußtmachung des Unbewußten – im Unterschied zur Erstarrung –, Akzeptanz von Realitäten durch die Anerkennung von Getrenntheit, Aggression, Neid, Haß usw. – im Unterschied zur Verleugnung jedweder Feindseligkeit und Trennung – und nicht zuletzt Sprach- und Symbolisierungsfähigkeit versus Sprachlosigkeit in präsymbolischen Konkretisierungen und Bebilderungen.

Das Idyllische greift in das phantasmatisch ausgestaltete Material der präsymbolischen Mutter-Kind-Dyade ein und trägt überdeutliche Grundzüge narzißtischer Zustände. Wir finden hier wie dort die Zeitdimension unbegrenzten Wünschens, das Ungetrenntsein und den Ausschluß des Dritten, denn in der Idylle gibt es keinen Vater. Tod, Rivalität, Verlust und Aggression bleiben ausgeklammert, wie z.B. schon in Gessners (1777) Idyllen anschaulich zu sehen ist (vgl. auch Böschenstein-Schäfer, 1982). Psychoanalytisch betrachtet hält die idyllische Matrix demnach an dem Zustand *vor* den eigentlichen Trennungen fest und skizziert kein Modell für Ablösung und Individuation. Im Unterschied zu Freuds Imperativ: »Wo Es war, soll

Ich werden« (1933a, S. 86), sperrt sich die Idylle mit ihrer heimeligen Geborgenheit gegen den aufklärerischen Impetus der Psychoanalyse, die zur Reflexion des »Dramas Heimat zwingt« (Thüsen, 1986, S. 168). Die Idylle ist gleichsam das Gegenstück zur materiellen und psychischen Wirklichkeit, welche angefüllt ist mit Ängsten, Destruktivität und seelischem Schmerz. Während der psychoanalytische Prozeß darauf abzielt, psychisches Wachstum und Entwicklung zu befördern, stellt die Idylle einen hermetisch abgeriegelten, statischen Zufluchtsort dar, mit dessen Hilfe Destruktivität und psychisches Leiden gebunden bzw. neutralisiert werden soll, aber letztlich selbst zu einer sich destruktiv auswirkenden Blockade wird.

Was aber, wie es sich in der Sentenz Werthers (Goethe, 1774/1965, S. 13) ankündigt – »Ich kehre in mich selbst zurück, und finde eine Welt« –, wenn dieser Selbstheilungsversuch, nämlich die enttäuschte Abkehr von den äußeren Objekten und die hoffnungsvoll anmutende Wendung nach innen, zu einem Desaster wird, weil die inwendige Bewegung eine Innenwelt offenbart, die mit destruktiven, abgespaltenen und unerträglichen Objekten bevölkert und kontaminiert ist?

Der Patient kann dann an einen Ort des seelischen Rückzugs flüchten, der ihm ein Gefühl von Sicherheit und Geborgenheit dadurch garantiert, daß er mit romantischen oder eben idyllischen Wunschträumen ausgefüllt wird. So gelangte ich also zu meiner Hypothese: Das Idyllische aus der Perspektive einer Abwehrorganisation korrespondiert nach meiner Auffassung am ehesten mit Steiners Konzept der Orte des seelischen Rückzugs, die auch nach seiner Erfahrung als Haus, Höhle, Festung oder verlassene Insel beschrieben werden (Steiner, 1998).

Die Idylle als Raum in der intrapsychischen Landschaft beschreibt einen Ort des seelischen Rückzugs und ist ein regressives und vor allem sprachloses Phänomen, das der Abwehr eines wie auch immer gefürchteten traumatischen Einbruchs dient bzw. aus diesem bereits hervorgeht. Was sich abzeichnet, ist ein kontrastreiches, unverbundenes Nebeneinander von Idylle auf der einen und Trauma und Katastrophe auf der anderen Seite. Mit Trauma meine ich im Rekurs auf Cooper (1986) »ein Ereignis, das die Fähigkeit des Ichs, für ein minimales Gefühl der Sicherheit und integrativen Vollständigkeit zu sorgen, abrupt überwältigt und zu einer drohenden Angst, Hilflosigkeit und Überwältigtsein führt« (S. 44, Übers. B.G.). Das Plötzliche, nicht zu Kontrollierende hat Freud schon 1895 veranlaßt, den psychischen Schmerz, dem das Ich nicht hinterherkommt, als *Einbruch* zu bezeichnen. Das abzuwehrende Traumatische erscheint als eine unaushaltbar erlebte Realität mit Schmerz, Trennung, Versagungen und Tod, wenngleich ich hier nicht den physischen Tod meine, sondern diesen nur als Metapher denke für den psychischen Tod, die Ich-Auflösung, den Zerfall. Das ist es, was der Idyllenkranke fürchtet: den Einbruch, den das Ich glaubt, nicht mehr abwehren zu können. Es geht demnach auch um die abzuwehrende Angst, das Bild, die Idylle könnte sich auflösen und zusammenbrechen. Die regressive Hinwendung zu idyllischen Phantasien entsteht also immer als Reaktion auf einen bereits erlebten und immerzu gefürchteten traumatischen Einbruch.

Auf ganz besondere Weise maskiert die Idyllenbildung mit ihrer klassischen Figuration von Lieblichkeit, Heimeligkeit und Friedfertigkeit das, zu dessen Abwehr sie dient: Angst vor dem identitätsauflösenden Zerfall, Destruktivität in ihren vielschichtigen Formen und psychisches Leiden schlechthin.

Doch auch, wenn die Idylle als Traumaabwehr fungiert, ist es bemerkenswert, daß die Tiefenstrukturen der Idylle und des Traumatischen eklatante Ähnlichkeiten aufweisen: Begrenzung des Raums im Sinne der Einengung; die Konkretisierungen sowie das dem Wiederholungszwang entsprechende Repetitive im Sinne der fragilen Abwehr des Bedrohlichen, die Sprachlosigkeit im Sinn des Vorherrschens von Bildern, das Stillstehen der Zeit als Ausdruck der Unvergänglichkeit des Traumas im Unbewußten sowie nicht zuletzt archaische Erlebenszustände.

Fallskizze

Das Thema der Idyllenbildung als Abwehr des traumatischen Einbruchs drängte sich in der Analyse einer 45-jährigen Frau auf, die nach einer schweren psychosomatischen Erkrankung wegen chronisch gewordener Depressionen zu mir in Analyse kam. Schon in den ersten drei Vorgesprächen war ich eingenommen von ihrer stürmischen Wildheit auf der einen Seite und ihrer fast sprachlosen Verzweiflung auf der anderen Seite. Ihre Vorgeschichte zeigte, daß ihre Mutter schon lange vor ihrer Geburt chronisch depressiv war und den Säugling, später das Kleinkind, immer wieder weggab, weil sie glaubte, es nicht versorgen zu können, und daß der als cholerisch erlebte Vater das Kind von jeher als zu schwierig empfand. Die meiste Zeit verbrachte das Kind bei der strengen Großmutter oder in Kinderheimen, während der ältere Bruder bei der Familie blieb, in die meine Patientin erst im Alter von fünf Jahren zurückkehrte. Von Anbeginn fesselten mich ihre augenfälligen Diskrepanzen: Sie war eine in Stimme und Ausdruck energische und aparte Frau, zumeist in leuchtenden Farben gekleidet. Als Bibliothekarin hatte sie sich ein kleines Geschäft aufgebaut, das florierte, und ihr Mann schien sie aufrichtig zu lieben. Sie arbeitete hart, getrieben von einem unermüdlichen Perfektionismus. Zugleich aber litt sie an einer Fülle psychosomatischer Symptome und unerträglichen Zuständen von Anspannung, Gereiztheit und diffuser, aber rasender Wut. Diese Befindlichkeit setzte immer dann ein, wenn irgend etwas von ihr als unerträgliche Störung empfunden wurde: Ein Kunde vor Geschäftseröffnung, ein Haar auf dem Badezimmerfußboden, eine fremde Katze auf dem Grundstück ihres gerade erworbenen Häuschens, eine Veränderung in meinem Behandlungsraum, egal was es war, dies konnte einen rasenden Tobsuchtsanfall erzeugen, dem sie nur mit gierigem Essen, Selbstmordgedanken oder Idyllenkonstruktionen begegnen konnte. Bemerkenswert war, daß diese Spannungszustände fast nur außerhalb, selten aber innerhalb der Analyse auftraten. Dort war sie freundlich, ausgeglichen, nur zuweilen entrückt in für mich unerreichbare idyllische Welten. Selbst wenn sie davon sprach, ihrer Mutter den Schädel einschlagen zu wollen, so tat sie dies, als handele es sich um ein alltägliches Vorgehen wie Einkaufen im Supermarkt.

Eine Hauptklage bestand darin, daß sie ein einziges Mal in ihrem Leben alles auf Null haben wollte: Alles sollte geputzt und ordentlich sein, sie selbst, ihre Wohnung, ihr Auto, ihr Geschäft, kein Abwasch, kein Hunger, kein Dreck – alles auf Null. »Dann darf man sich nicht mehr bewegen und leben«, sagte ich. »Wäre besser«, antwortete sie lakonisch. »Aber auf Null-Sein heißt Tot-Sein«, sagte ich etwas voreilig. »Nein, nicht Tod, auf Null-Sein ist Ruhe und Frieden für mich.« Analog dem Ankommen in der Idylle, dem immer die Struktur der Rückkehr immanent ist, klingt hier unüberhörbar Freuds Konzept des Todestriebs an, das eine stille und unauffällige Dynamik beschreibt, zur Ruhe der anorganischen Welt zurückzukehren (vgl. Freud, 1920g).

Es ist hier nicht der Ort, den vielschichtigen Diskurs zum Todestriebkonzept zu rezipieren, das insbesondere von der kleinianischen Schule differenziert ausgearbeitet wurde. Sie versteht die Tätigkeit des Todestriebes als Ausdruck destruktiver Angriffe, die sich gegen bestimmte psychische Funktionen richten, die mit emotionalem Wachstum und der Anerkennung von Wirklichkeit verbunden sind (vgl. Weiß, 2000). Ich will mich auf zwei wesentliche Aspekte beschränken, die Green (1982) beschrieben hat und die für das Verständnis dieser Patientin deshalb hilfreich waren, weil Green den Todestrieb aus seiner einseitigen Konnotation von Aggression und Destruktivität herauslöst und wieder in die Nähe des von Freud (1920g) postulierten Nirwana-Prinzips rückt. Zunächst ist wichtig, daß für Green das Begehren den Mangel immer schon mit einschließt und mit einer Dezentrierungserfahrung des Subjektes einhergeht, weil es in seiner Objektsuche realisieren muß, »daß sein Zentrum nicht mehr in ihm selbst ist, sondern außerhalb seiner ist, in einem Objekt, von dem es getrennt ist, mit dem es die Vereinigung sucht, um auf diese Weise mittels der – wiedergefundenen – Einheit sein Zentrum in jenem Wohlbehagen zurückzugewinnen, das der Befriedigungserfahrung folgt. Das Begehren also induziert das Bewußtsein der räumlichen Trennung und der zeitlichen Dyschronie in bezug auf das Objekt, hervorgerufen durch den für die Befriedigungserfahrung notwendigen Aufschub.« (Green, 1982, S. 15)

Beschreibt Green also zunächst aus seiner Perspektive die ubiquitären Entwicklungsaufgaben eines jeden Menschen, die er als Schicksale des Lebensnarzißmus zusammenfaßt, so kommt er dann zu einer Skizze darüber, was geschieht, wenn die realen Objekterfahrungen so frustrierend und traumatisierend waren, daß das Subjekt – gefangen in Ressentiment, Haß und Verzweiflung – es aufgibt, nach der Verschmelzung mit einem idealisierten Objekt zu streben. In einem solchen Zustand geht es »nicht mehr um ein Streben nach Einheit, sondern nach dem Nichts; das heißt, um *eine Verminderung der Spannungen zum Nullniveau,* was Approximation an den psychischen Tod bedeutet. [...] An dieser Stelle wird der Tod zur Figuration eines absoluten Seins. Das Leben wird gleichbedeutend mit dem Tod, insofern er Erlösung von allem Begehren ist.« (S. 17f.; Hervorh. B.G.) Bezogen auf meine Patientin bedeutete »Erlösung von allem Begehren« und ihr »Streben nach dem Nullniveau« nicht nur die völlige Aufgabe des Sehnens, Wünschens und Wollens, sondern sie erreichte damit eine für sie erträgliche maximale Objektautonomie. Der Rückzug der Patientin war ja nicht nur aus ihrem äußeren Leben erfolgt, indem sie nach ihrer Erkrankung alle Freunde und Interessen aufgegeben hatte, sondern fundamentaler war ihre innere Emigration, in der nicht Unlust den Platz der Lust eingenommen hatte, sondern das Neutrale. »Ich fühle buchstäblich gar nichts mehr, alles ist grau, dumpf«, formulierte sie nicht selten. Aber »hier geht es nicht um Depression, sondern um Aphanisis, Asketik, *Anorexie des Lebens.* Das ist der wahre Sinn von *Jenseits des Lustprinzips.* Die Metapher einer Rückkehr zur unbelebten Materie ist aussagekräftiger als man meint, denn diese Versteinerung des Ichs zielt auf Anästhesie und Stillstand im psychischen Tod.« (Green, 1982, S. 18; Hervorh. B.G.)

Auf diese Weise werden auch die passageren Suizidphantasien der Patientin verstehbarer, die zum Ausdruck brachten, daß der (vorgestellte) Tod nicht die äußerste Auflösung ist, sondern phantasmatisch dazu verhelfen kann, der Desintegrationsgefahr des Subjekts entgegenzuwirken. Zugleich erweist sich das Suizidale in diesem Kontext als eine tröstliche Phantasie, mit der, nur scheinbar paradox, Trauer, Getrenntheit, Sterblichkeit und Verlust verleugnet werden können (vgl. auch Weiß, 2000).

Neben dem Suizidalen im Sinne eines *psychic retreat* dominierte bei dieser Patientin jedoch die ausgedehnte Idyllenkonstruktion als Abwehrformation. Es zeichnete sich ab, daß die Patientin ständig darum rang, eine für sie erträgliche psychische Balance aufrechtzuerhalten, die aber so fragil schien, daß jede von außen kommende Störung zu einem unerträglichen Zuviel wurde, das sie zu überfluten und auseinanderzureißen drohte. Einmal reagierte sie zutiefst verstört, als ich meine Vorhänge zugezogen und ihr damit den Blick nach draußen verunmöglicht hatte. Jahre später zeigte sie plötzlich eine große Beunruhigung, als im Rahmen der erleuchteten Fenster des Hauses vis à vis die Silhouette eines Mannes erschien. »Ob der reingucken und reinkommen könnte, hier soll doch alles gut bleiben«, sagte sie bestürzt, und ihre sich anschließenden Einfälle von Mördern und Vergewaltigern verrieten, daß urplötzlich die Trennung von Innen und Außen aufgehoben worden war. Wie hatte ich ihr das nur antun können? Ihre innere Welt der Objektbeziehungen stellte sich dar als eine unendliche Kette von Verfehlungen und falschen Dosierungen: Immer falsch! Was sie zu erreichen trachtete, liefert zugleich ihre Definition von Idylle: Diese ist ein harmonisches Gleichgewicht von Nicht-Zuviel und Nicht-Zuwenig. Analog dazu entstand ihr Rückzug auf ein Zuviel an Nähe wie infolge des Zuwenigs. So folgte fast immer auf eine besonders nahe und intensive Stunde eine, die von ihr mit endlosen affektentleerten Berichten über ihren Alltag gefüllt wurde. Versuchte ich, diese Abwehr zu »stören«, so fuhr sie mir grob über den Mund, entriß mir den letzten Satz, oder sie brachte mich durch ihr vorschnelles »Stimmt genau« zum Schweigen. Dies geschah häufig kurz vor Stundenende, das sie, ohne eine Uhr zu tragen, intuitiv erfaßte, was dazu führte, daß sie den Kontakt schlagartig unterbrach. »Jetzt ist es schon wieder weg«, kommentierte sie diesen Zustand, wobei sie mit »es« die emotionale Verbindung zu mir meinte, die sie angesichts des bevorstehenden Stundenendes buchstäblich kappte. Oft dauerte es einige Stunden, bis sich eine solche Verbindung wieder herstellen ließ, um die sie verzweifelt rang, indem sie mich zu »unterhalten« versuchte, sich wie eine fleißige Schülerin um Introspektion bemühte, die aber »ungefühlt« – wie sie es nannte – und leer blieb. Erst wenn ich diese aussichtslose Kontaktsuche zu formulieren verstand, lockerte sich ihre Anspannung, die manchmal in einem erschöpften Weinen mündete.

Damit läßt sich ihr Dilemma am ehesten mit Reys (1995) klaustrophob-agoraphoben Modus beschreiben, nämlich dem Oszillieren zwischen dem Wunsch, im Innern des Analytikers eingeschlossen zu sein, und der Angst, dann in einer Falle zu sitzen. Und genau diese Spannung des Nicht-Zuviel und Nicht-Zuwenig prägte lange das Übertragungs- und Gegenübertragungsgeschehen dieser Analyse, in dem ich zu einer idyllischen Mutter werden sollte, die in jeder Sekunde Milch und Honig fließen läßt, die Spannungen des Kindes durch angemessenes Containment lindert und da ist, ohne zu wollen oder zu stören. Mehr noch: Ich mußte unablässig meine innere Besetzung von ihr aufrechterhalten; verlor ich mich nur für eine Sekunde in eigenen Gedanken, dann brach der Kontakt ab, und sie war weg, wie sie es nannte. Offenbar verwies diese Sehnsucht nach absoluter Besetzung, in die ich eingesponnen wurde, auf den von ihr erlebten Mangel. Doch dieses Wort trifft es nicht ganz.

Bemerkenswerterweise verläßt Freud in seinem Manuskript zur Melancholie von 1895 seine mechanische Sprache der Seelenökonomie und spricht vom »Loch im Psychischen«, nicht von Mangel, sondern vom »Überfließen und innerer Verblutung«. Sie muß sich in Zuständen der Deprivation sowohl einer Unterstimulierung wie einem Überfließen, das heißt unerträglichen Auflösungs- wie Spannungszuständen ausgesetzt gefühlt haben, von denen sie überwältigt wurde und die früher zu einem fast autistischen Rückzug geführt hatten, der ihre Mutter glauben ließ, sie hätte ein debiles Kind. Es ist davon auszugehen, daß die zu frühe Trennung von der Mutter, das Zerbrechen der Einheit, als eine traumatisierende Katastrophe erlebt wurde, da in dieser frühen Entwicklungsphase noch nicht von einem Objektverlust gesprochen werden kann, sondern »vom Verlust des ganzen Seins« (Klüwer, 1997, S. 153). Während sie der Überflutung mit Rückzug, mit einem Totstellreflex, zu begegnen versuchte, bezwang sie das Gefühl der Reizarmut, des Auseinanderfallens, insbesondere vor dem Einschlafen, indem sie mit dem Kopf gegen die Wand schlug. Der inneren Verblutung setzte sie eine äußere Wunde entgegen.

Es gab demnach verschiedenartigste Rückzugstendenzen, aber ich muß mich darauf beschränken, ihre in den Stunden urplötzliche Flucht in eigens gefüllte Glücksräume zu beschreiben. Diese tauchten nicht nur in manifest vorgetragenen idyllischen Phantasien auf, mit ihren klassischen Elementen der Oralität und Naturgebundenheit, wenn von prall gefüllten Tischen unter blühenden Apfelbäumen und klaren Gebirgsbächen mit springenden Forellen die Rede war, sondern ihre Idyllensehnsucht erschloß sich mir primär aus einer bestimmten präsymbolischen Atmosphäre, schließlich aus meiner Gegenübertragung. Es entstand eine eigenartige Verflachung in meinem Denken, eine Leere, nicht selten eine satte Dümmlichkeit und Leichtigkeit. In angenehmer Stimmung verbrachten wir schlicht Zeit zusammen, durchaus im Schweigen, das so unbeschwert war, nur manchmal von ihr unterbrochen, wenn sie mich, fast ins Du verfallend, auf einen an unserem Fenster vorbei schwebenden Heißluftballon oder auf das Summen einer Biene aufmerksam machte. Die Idylle, schreibt Bloch, schafft Platz für durchaus Gutes und »Heimisches, als wäre man von weither dahin zurückgekehrt, ein häuslicher Frieden, ein ländlicher Garten, ›mit sanft anatmender Kühlung‹. Summen der Bienen umgibt das eingezogene Leben bei Tag, Summen des Teekessels bei Nacht.« (1973, S. 939)

Doch so sehr sie auch darauf drängte, eine alltägliche Beziehung zu mir zu haben, reagierte sie gleichwohl außerordentlich verstört, wenn der sichere Rahmen der Analyse, ich meine nicht nur durch reale Trennungen, sondern vielmehr der sichere Rahmen meiner von ihr zugewiesenen Rolle berührt wurde. Ein Lachen von mir, von ihr gehört *vor* der Stunde, ein Niesen meinerseits, das Einfangen einer störenden Wespe im Behandlungszimmer und dergleichen mehr brachten sie schier aus der Fassung, wenn ich mich also in alltäglichen Gesten aus ihrem Projektionsrahmen herauszubewegen und eine von ihr getrennte, eigenständige Person zu werden drohte.

Ihre Alltagsplauderei schien eher der verzweifelte Versuch, eine verlorene Normalität herzustellen, gleich einer Übersprungshandlung, wenn angesichts drohender Gefahr auf dem Boden herumgepickt wird, ohne daß ein Futterdrang besteht. Das Übervolle in ihr, das im Außen blieb, erschaffte im Innern eine Leere und erzeugte im Gefolge ihre ganz eigene Idylle im Sinne eines gehaltenen, aber schmerzlosen Zustands. Nicht selten tauchte in mir das Bild von uns als Nachbarinnen auf, die, gemeinsam auf ein Kissen gestützt, das Treiben auf der Straße betrachten. Reiche fiel mir irgendwann ein, der schrieb: »Beide – Analytiker und Analysand – möchten sich sozusagen lieber einfach so unterhalten – das wäre die inzestuöse Tat – und würden dafür durch eine Entgleisung der Behandlung bestraft.« (1999, S. 53) Solche Einfälle rissen mich aus meinem idyllengleichen Sog, dem ich nicht selten erlag, und ich besann mich wieder auf mein Tun, wissend, daß ich unausweichlich zum Täter, mehr noch: zum gesuchten Mörder des als zu erschlagen geweissagten Vaters werden würde, der durch unzumutbare Deutungen die idyllische Dyade zerriß und die Realität einsickern ließ.

Verkürzt könnte man sagen, daß sich bei ihr eine weitgespannte Verweigerung auftat, die von Money-Kyrle (1971) so bezeichneten *facts of life* anzuerkennen: Die Anerkennung der Brust als etwas Gutem, der Urszene als schöpferischem Akt und die Anerkennung der Unausweichlichkeit der Zeit und schließlich des Todes. Aber, so fügt Reiche als vierten Faktor mit Recht hinzu: »Anerkennen kann man nur als ein Anerkannter.« (a.a.O., S. 65)

Ein weiteres Gegenübertragungsphänomen stellte sich ein: War ich vor der Stunde noch ausgeruht und wach, so überfiel mich plötzlich in der Stunde eine eigentümliche Schläfrigkeit, die sich zu einer bleiernen Müdigkeit steigern konnte. Ich konnte nicht denken, geschweige denn deuten, bis ich endlich begriff, daß ich genau dies auch nicht tun sollte. So unbewegt wie sie, meine Patientin, sollte auch ich erstarren, fast leblos werden, Totstellreflex, dann wird man nicht mehr angegriffen. Auf diese Weise sollte Unvorhergesehenes abgewendet werden. Kein Wort, keine Deutung, nichts Trennendes sollte dazwischenkommen oder über sie hereinbrechen. »Schicksallos, wie der schlafende Säugling, atmen die Himmlischen«, heißt es in Hyperions Schicksalslied (Hölderlin, 1797/1799, S. 175). Wir befanden uns in einer drohenden Enklavenbildung, um einen Ausdruck von O'Shaughnessy (1992) zu verwenden, mit der der Patient versucht, sich den Analytiker gleichsam perfekt passend zu machen, um auf diese Weise alles fernzuhalten, was ihn ängstigen oder stören könnte. Der Analytiker wiederum ist verführt zu glauben, in seiner totalen Übereinstimmung mit dem Patienten lediglich gut eingefühlt und im besten Sinne empathisch zu sein, ohne zu realisieren, daß die Enklave das verhindert, was im analytischen Prozeß günstigenfalls erreicht werden kann: die Öffnung hin zu neuen Entwicklungsmöglichkeiten und das Aufsuchen und Erkennen von bisher unbekannten psychischen Räumen.

Es sollte sich aber nichts bewegen, denn wenn sie sich bewegt, so die Überzeugung der Patientin, und es ihr gelänge, Neues für sich zu erobern, dann geht es ja doch wieder verloren und schmerzt. Demgemäß durfte auch nichts gut werden, denn wenn es gut ist, geht es ja doch kaputt. Wenn es nicht von außen kaputt gemacht wurde, sorgte sie selbst dafür. Sie erreichte die Erstarrung, indem sie mich buchstäblich narkotisierte.

Sie schilderte, wie sie als Kind häufig wegen irgendwelcher »Untaten«

zunächst verprügelt und dann in ihr Zimmer eingesperrt worden war, die Einsamkeit, Scham, Wut und Angst dadurch zu bewältigen suchte, daß sie, sich unendlich wiederholend, die zahllosen Verse von »Dornröschen war ein schönes Kind« laut vor sich hin sang: »Fünfzehn Strophen, das ist lang«, bemerkte sie. Bedeutsam war ihr in dieser Situation kaum der Inhalt dieses Märchens, als vielmehr die scheinbare Unendlichkeit des Kinderliedes, und doch fiel mir plötzlich die böse Verwünschung wieder ein: Das schöne Kind solle sich im fünfzehnten Jahr an einer Spindel stechen und tot hinfallen, aber es solle kein Tod, sondern ein hundertjähriger tiefer Schlaf sein, eben jener, in den wir jetzt wie seinerzeit der gesamte Hofstaat gefallen waren bzw. in den mich die Patientin zu versetzen suchte. Ich möchte diese Analogie nicht unnötig strapazieren, aber mir eröffnete sich ihre Dornenhecke beim Nähertreten nicht wie dem Königssohn zu lauter schönen großen Blumen, sondern ich riß und stach mich an ihr, wissend, daß, gerade wenn ich versuchte, ihren Schlaf als »Urzustand des sich selbst genügenden Ichs«, so Freud (1916/17a, S. 144), zu beenden, mein Dornröschen sich mit der von ihr abgewehrten Realität würde konfrontieren müssen. Die Konservierung würde aufgehoben, und Zeit, Licht und Luft als Todesäquivalente würden hereindrängen. Gut, man mag einwenden, ich sei auch kein Königssohn, sondern tatsächlich – wie in der Phantasie der Patientin – ein gewaltsamer Einbrecher, der sie aus der erstarrten Idylle reißt und ins unaushaltbare Leben stürzt.

Der narkotisierte Zustand also schien die idyllische Homöostase zu garantieren, die sie brauchte: Verzicht auf unerfüllbares Verlangen, relative Triebzahmheit, Ungetrenntheit und betäubter Schmerz.[2] Eine fast leblose Mutter war besser als gar keine. »Sie sollen mir beiwohnen und atmen«, sagte sie einmal unvermittelt. Aber zugleich erzeugte dies ein erneutes Dilemma: Eine fast leblose Mutter überfällt das Kind zwar nicht, kann es aber auch nicht versorgen. Genau dieser schmale Grad konnte einen plötzlichen Panikanfall erzeugen, nämlich dann, wenn aus dem Wenig – »der sanft anatmenden Kühlung« – ein Zuwenig wurde und sie wähnte, ich sei tatsächlich nicht mehr am Leben: »Ein sehr kurzer Augenblick«, schreibt Barthes in Anlehnung an Winnicott, »trennt [...] die Zeit, in der das Kind seine Mutter noch für abwesend hält, von der, in der es sie bereits tot glaubt.« (Barthes, 1988, S. 30)

Doch der Idyllenkranke in seiner Erstarrung schafft nicht einmal das Spiel mit der Holzspule – »Mama da – Mama weg«, schon das wäre zuviel Bewegung. Eben jenes Fort-Da-Spiel (vgl. Freud, 1920g), mit dem das Kind den Schmerz um die Trennung durch die gespielt-imaginierte Rückkehr der Mutter zu bewältigen versucht, um den grenzenlosen Schrecken in eine begrenzte Wunde umzuformen. Zugleich aber gab es in dieser Patientin schon eine Be-

2 Zur narkotisierenden Funktion des folkloristischen Diskurses, mit dem das Subjekt in die innere Welt ein- und von der äußeren, nicht wunschgerechten Wirklichkeit ausgeschlossen wird und der letztlich auf eine »Schließung der Sinne« abzielt, vgl. Oester, 1996.

wegung, nämlich den verzweifelten Versuch, ihrer Anästhesie zu entfliehen, indem sie auf recht schöpferische Weise ihren Rückzugsort ausstaffierte, bebilderte und aus ihm eine Idylle erschuf, die der Funktionsweise des Unbewußten unterworfen war. In diesem Sinne wurde nicht nur der Tod, sondern das Korsett der Idylle zu ihrer identitätsstiftenden Struktur. Denn in der Welt der Idylle gibt es keine Trennungen, schon gar keine, an denen man reifen könnte, indem man sie zu betrauern lernt.[3] Der Rückzug in die Idylle geht mit einer fundamentalen »Entobjektivierung der Objekte« einher (Pietzcker, 1981, S. 40), so wie es in den traditionellen Idyllen, mit ihrer unzweifelhaft intrauterinen Struktur von Höhlen, Lauben und Hütten auch keine Mutter gibt (als befriedigendes oder enttäuschendes Objekt), sondern das Mütterliche in den Raum selbst eingegangen ist (vgl. auch Thüsen, 1986). Und in der Idylle, mit ihrer ausdrücklichen Vorherrschaft von Frieden und Freundschaft, gibt es keine Aggression und Destruktivität; die tobt allein im Draußen.

Doch auch wenn es meiner Patientin beinahe gelungen war, sich einen solchen idyllischen Glücksraum zu schaffen, indem sie ein Landhäuschen mit Blumengarten kaufte, geschah es nicht selten, daß sie gerade dort und dann in einen Zustand der (narzißtischen) Leere, in das Zuwenig fiel, dem sie nur mit selbsterzeugter Spannung zu entfliehen vermochte. »Ich mach mir die Sonne und den Schmerz selber«, bemerkte sie dazu.

Nirgends wird eindringlicher als in Büchners (1850) Novelle über den wahnsinnig gewordenen Dichter Lenz dieses innere Drama von spannungs-

3 Des öfteren erwähnte sie, mehr beiläufig, wie berührt und ergriffen sie von dem Film »Titanic« von James Cameron gewesen sei. Ich hatte Mühe, diesen Aspekt zu verstehen, denn zugegeben: Ich mochte den Film nicht. Ich fand die Publicity und den Aufwand übertrieben, die Schauspieler albern und den Film selbst sterbenslangweilig. Dann aber geriet mir die filmwissenschaftliche Analyse »Vom Bildlichen zum Sinnbildlichen: Ikonografische Leitmotivtechnik in dem Film ›Titanic‹« von Hermann Kappelhoff (1999) in die Hände. Gleich zu Beginn stellt der Autor klar, daß es hier nicht um Kunst, sondern um Kitsch geht, der wiederum in die Nähe der Idylle rückt (vgl. Reemtsma, 1997). Etwas betreten mußte ich feststellen, daß mir offenbar etwas Entscheidendes entgangen war: Vergleichbar den nahezu zwanghaften Wiederholungen in Jean Pauls Werken, der ewigen Wiederkehr von Tod und Auferstehung, wird auch hier, gleichwohl im Wissen um und der Verleugnung zugleich des tatsächlichen Untergangs, das Schiff im Intervall von Begegnung, Trennung und Wiedervereinigung, im Ritornell des Liebesmotivs in seinen räumlichen Dimensionen durchquert. »Vollzieht sich dies in der Tageshälfte des Films noch in handlungslogisch rationalisierten Etappen, werden diese in der zweiten Hälfte des Films, dem Untergang, zu einer wahnwitzigen Serie von Trennung, Rettung und Wiedervereinigung.« (Kappelhoff, 1999, S. 18f.) Das also mag es gewesen sein, was die starke Berührung in der Patientin ausgelöst haben könnte: »Im Hören und Sehen entfaltet sich [dem Zuschauer] die Zeit des Films als ein Raum unsinnlicher Korrespondenzen und synchroner Bewegungen; was so entsteht, ist die Suggestion einer absoluten Gegenwärtigkeit: *ein unmögliches Bewußtsein von der Gegenwärtigkeit des Endens.*« (a.a.O., S. 17f., Hervorh. B. G.)

geladener Überschwemmung einerseits und depravierter Depersonalisation andererseits aufgespannt.

Schon panisch getrieben, so als sei ihm »der Wahnsinn auf Rossen hinterher«, hofft Lenz, in der ländlich-dörflichen Idylle und heimeligen Geborgenheit bei Pfarrer Oberlin sein Seelenheil zurückzufinden. In dem Maße aber, wie Lenz seine innere bedrängende Objektlandschaft in die Welt hineinphantasiert, verwandeln sich die Berge, Täler und Wälder in eine verschlingende Weite und in schreckerregende Ungeheuer, die ihn hinabzuziehen und zu verschlucken drohen. Er flieht keuchend und atemlos in die Enge seiner Stube unterm Dach, um dort aber von einer namenlosen Angst und Leere, »die mit nichts mehr auszufüllen war«, gepackt zu werden, die ihn erneut ins Freie treibt und in den eiskalten Dorfbrunnen stürzen läßt. »Er konnte sich nicht mehr finden, ein dunkler Instinkt trieb ihn, sich zu retten, er stieß an die Steine, er riß sich mit den Nägeln, der Schmerz fing an, ihm das Bewußtsein wiederzugeben.« (Büchner, 1850/1980, S. 71)

Das Zeiterleben in der Idylle

Eines Tages, wieder gefangen in dieser schläfrigen, zeitlosen Atmosphäre, fragte ich die Patientin, was denn ihre liebste Phantasie oder ihr schönster Tagtraum sei. »Ich möchte auf dem Stuhl in Menzels *Balkonzimmer* sitzen und der Vorhang bauscht sich ewig«, antwortete sie spontan *(vgl. Abb. 3)*. Zweierlei erstaunte mich: Zum einen die erneute Raummetapher, nicht nur befördert durch die Tatsache, daß dieses Gemälde von 1845 tatsächlich eher ein Bildchen ist, nämlich im Original nur 58 × 47 cm mißt, sondern das Ausschnitthafte des Raums, die dichtgedrängten Möbel, lassen zudem den Eindruck von Umgrenzung und Begrenzung entstehen, einzig aufgehoben durch die offene Balkontür, die ein Draußen erahnen läßt (vgl. Lammel, 1993). Im Unterschied zum Getümmel der Liebenden bei Watteau zeigt sich hier ein einsamer Ort des Rückzugs, in dem ein Ich fehlt. Bezeichnend hierfür waren anfänglich immer wiederkehrende Träume der Patientin, in denen sie zur Analyse kam, ihre Couch aber von anderen bevölkert war. Nur mit größter Anstrengung und nicht selten grausamer Brutalität konnte sie ihre Rivalen aus dem Feld schlagen, um sich endlich ihren Platz zu erobern.

Und zum anderen verweist dieses »und der Vorhang bauscht sich ewig« auf ein weiteres zentrales Element der idyllischen Tiefenstruktur, nämlich auf das Phänomen der Zeitlosigkeit, der Unendlichkeit und des Nie-Aufhörens, gleichsam auf eine »romantische Perversion des Zeiterlebens« (vgl. Steiner, 1993). Die Verformungen des Raum-Zeit-Kontinuums kommen hier in der glücklichen, der stillgestandenen Zeit der Idylle zum Ausdruck, die sich gegen die Vergänglichkeit und Fortsetzung sträubt; die Fortsetzung aber, schreibt Barthes, wäre eine lange Schleifspur der Leiden, Verletzungen,

Abb. 3 Menzel: *Balkonzimmer*

Ängste und Verzweiflungen. Pontalis bemerkt über seinen Patienten, den regungslosen Menschen: »[W]enn diesem sinnlichen und sanften Menschen ein Haß innewohnt, so ist es der Haß auf die Zeit. Indem er regungslos lebt, tötet er die Zeit.« (1991, S. 11)

Menzels *Balkonzimmer* bedient keineswegs das traditionelle Genre der Idylle, wie etwa das Watteau-Gemälde, und doch ist dieses Bild der einzigartige Versuch, »die Schönheit des lichtdurchflossenen Raumes, das faszinierende Spiel des Sonnenlichtes und des leichten Windes in der wehenden Gardine wiederzugeben. Was den Betrachter ergreift, ist das Licht, der Lufthauch, das Atmosphärische des Bildes.« (Greve, 1996, S. 144) Dieses Gemälde belegt auf eindrucksvolle Weise, daß »die bildende Kunst und Literatur wechselweise andere Raum-Zeit-Konzepte ausprobieren, alltäglich funktionierende Raum-Zeit-Konzepte verwerfen, brechen, unterbrechen, an bestimmten, sehr genau wahrnehmbaren Stellen aus den Routinen, dem Wechselspiel der äußeren und inneren Uhren heraustreten, einen anderen Zeitraum, einen Utopos oder Heterotopos erfahrbar machen, einen Riß im Raum oder Sprung in der Zeit« (Gendolla, 1999, S. 195f.).

Faszinierend ist *Das Balkonzimmer* eben deshalb, weil ja gerade das Bauschen des Vorhangs für gewöhnlich ein beiläufiger, im Alltag oft unbemerkter Vorgang ist, von einigen Sekunden allenfalls, der, wenn er registriert wird, oft schon vorbei ist. Es ist jener fragile, sich so schnell verflüchtigende Moment, den festzuhalten uns eben nicht gelingt, den uns der Maler dafür aber, gleichsam als Ersatz, für immer auf Leinwand gebannt hat. Jener Moment, dessen Ende in den Verszeilen von Louis McNeice so jäh angekündigt wird: »Das Sonnenlicht auf dem Garten wird stählern und kalt / Wir können die Minute, in ihrem Netz aus Gold, nicht einsperren.« (1938, S. 28)

Doch meine Patientin beharrte darauf, den goldenen Augenblick einsperren zu können, um den immerzu drohenden Verlust, die unerträgliche Realität nicht erleben zu müssen, gleich der narzißtischen Glückstechniken des Wutz von Jean Paul, der sich immer selbst »sein Bißchen verliebter Freude ins Herz praktiziert« (1790, S. 16; vgl. auch Hörhammer, 1983; Pietzcker, 1981). Die Kehrseite ihrer »romantischen Illusionen«, wie Steiner sie bezeichnet, die Destruktivität, zeigte sich in ihrer herrischen Manipulation der idealisierten Objekte und Zustände. So kam ihr Beharren auf dem Schönen und Guten manchmal recht barsch daher, fast diktatorisch rief sie aus, was für eine köstliche Pizza sie am Wochenende zaubern würde, um dann enttäuscht und frustriert in die Montagsstunde zurückzukehren, weil sich trotz blühendem Gärtchen und leckerer Pizza das ersehnte Gefühl von Ruhe und Frieden nicht hatte einstellen wollen. Wie Freud schreibt, entspringt das Gefühl von Glück »eher der plötzlichen Befriedigung hoch aufgestauter Bedürfnisse und ist seiner Natur nach nur als episodisches Phänomen möglich [...]. Wir sind so eingerichtet, daß wir den Kontrast intensiv genießen können, den Zustand nur sehr wenig.« (1930a, S. 434)

Ihr Festhalten am Konkreten als Glücksgaranten und ihre zumindest anfängliche Unfähigkeit zur Metaphorisierung war eng mit einer spezifischen Zeitpathologie verbunden. Die Abwesenheit und häufig ausbleibende Wiederkehr des Primärobjektes repräsentierte für sie die psychisch inakzeptable Zeitspanne schlechthin. In welchem Ausmaß das unerträgliche Verlassenwerden (des »kranken« Kindes) sich zu einer destruktiven und paranoiden Objektvorstellung formt, in der die ersehnte fürsorgliche Mutter zu einem grausamen Experimentator, der empathische Blick durch die kalte, kontrollierende Mechanik des Kameraauges ersetzt wird und das Vergehen von Zeit im sicheren Tod mündet – im Sinne des sich selbst überlassenen Säuglings, der zwangsläufig sterben muß –, belegt eindrucksvoll der folgende Traum:

Ich liege hier auf der Couch, reglos, mit auf der Brust gefalteten Händen und fühle mich sehr krank. Sie sitzen auf dem Couchrand, wollen etwas sagen, tun es aber nicht und wirken in Eile. Schließlich sagen Sie: Ich muß jetzt gehen, Sie wissen ja, wann die Zeit vorüber ist. Sie können dann aufstehen und gehen. Auf dem Regal am Couchende steht eine gläserne Uhr mit Goldzeigern. In der Uhr ist eine auf mich gerichtete Kamera installiert. Bevor Sie gehen, machen sie die Kamera aus. Sie sind weg, und ich fühle nichts mehr.

Für diese Menschen gibt es nur Jetzt oder Nie, aber kein Später, und es ist »nicht nur das Ende des jetzt unerträglichen Zustandes unvorstellbar, sondern gar kein Ende ist denkbar« (Gutwinski-Jeggle, 1992, S. 210). Nach Auffassung der Autorin ist »das Krankheitsbild der Depression (und ihrer manischen Abwehr) [...] in besonderem Maße von Zeitpathologien betroffen, da die vorherrschenden Vernichtungsängste, ausgelöst durch drohenden Verzicht, die Selbstkonfrontation mit Vergänglichkeit und Tod verhindern. Der psychische oder leibhaftige Selbstmord des Depressiven bedeutet (paradoxerweise) Verleugnung von Tod, d.h. Leugnung der Zeitgebundenheit unseres menschlichen Lebens.« (ebd.)

Wenn man davon ausgeht, daß der »auseinandergefaltete Raum [...] die Zeit gebiert« (Pankow, 1992, S. 253), also der sich ausdehnende Raum auch die Zeit wieder in Bewegung setzt, so impliziert die Idyllenbildung exakt die entgegengesetzte Richtung: Verengung des Raums und Stillstehen der Zeit, die kein Gestern und kein Morgen kennt und auch nicht kennen soll. Während im sich ausdehnenden Raum auch wieder zeitgebundene, retrospektive Erinnerungen oder prospektive Wünsche sich entfalten können, ein Damals und ein Heute sich verknüpfen ließe, so sollen eben diese Erinnerungs- und Zeiträume mit Hilfe der Idylle eingefroren, gleichsam leblos gemacht werden.[4] Dieses überlebenswichtige Phantasma stellt sich für meine Patientin atmosphärisch so unnachahmlich genau in Menzels *Balkonzimmer* dar.

4 Die hier anklingende Zeitform ließe sich in Beziehung setzen zur »Zeitlosigkeit« der Photographie. »Die Photographie als eine ein für allemal gewesene Gegenwart ohne Zeithorizont, die gepunktete Zeit ohne Prätention und Retention, bedeutet zugleich den Ver-

»Der nackte Jammer ohne Worte«: Trauma, Trennung und Desymbolisierung

Sie war beunruhigt von der ständigen Wiederkehr psychosomatischer Symptome, von denen sie insbesondere in Trennungssituationen, am Wochenende, aber schlimmer noch während der Urlaubsunterbrechungen schlagartig heimgesucht wurde. In den letzten Stunden vor einer Trennung war sie außerstande, ihre Verzweiflung und Angst zu artikulieren. Vielmehr entglitt sie mir in unerreichbare Weiten oder kreierte eine Atmosphäre der Beschaulichkeit: Wie zwei auf dem Bahnhof, wenn angesichts der bevorstehenden Trennung noch dies und das erwähnt wird und man sich des Schönen der gemeinsam verbrachten Zeit erinnert und versichert.

Im Unterschied zur hysterischen Inszenierung, mit der eine Geschichte erzählt wird und in der noch eine spärliche mentale Repräsentation möglich ist, indem der hysterische Körper sich selbst dem Denken übereignet (vgl. Perelberg, 1997), ist nach Auffassung McDougalls (1989) eine taubstumme Beziehung zwischen Seele und Körper für den »psychosomatischen« Körper kennzeichnend. Der psychosomatische Körper bringt gleichsam ein eigenes Denken hervor, und die Symptome funktionieren primär als Zeichen und folgen eher somatischen denn psychischen Prozessen. In ähnlicher Weise argumentiert auch Habermas: »Im Falle psychosomatischer Störungen ist das Symptom allerdings so weit vom Ursprungstext entfernt, daß sein Symbolcharakter durch die Deutungsarbeit selbst erst nachgewiesen werden muß.« (1968/1973, S. 269) Im psychischen Gefüge entstehen affektive Leerstellen, die dem Selbst kaum mehr zugänglich sind und statt dessen durch eine körpernahe Inszenierung agiert werden. McDougall spricht in diesem Kontext von einem »sterilen Raum«, den sich der Patient intrapsychisch schaffe, »der scheinbar ohne jeden Affekt und ohne jede libidinöse Besetzung ist, um die Identität ihres Ich aufrechtzuerhalten« (1978/1989, S. 423). Küchenhoff vertritt die These, daß Desymbolisierung nicht gleichzusetzen sei mit Derepräsentation, also nicht durch »ein Fehlen von Bildern« gekennzeichnet sei, sondern durch die Ausgliederung aus dem unbewußten Strukturzusammenhang, in dem die unbewußten Symbole miteinander vernetzt seien:

> Desymbolisierung ist ein Abwehrvorgang, der nicht an die Verdrängung gebunden ist, für den vielmehr ein eigener Begriff reserviert bleiben sollte, nämlich der Abwehrmechanismus der Verwerfung. Die Verwerfung erzeugt Lücken in diesem symbolischen Netzwerk. Die Folge ist die Unterbrechung der assoziativen Kontinuität im symbolischen

lust des diegetischen Horizonts, eine Blockade der Erinnerung.« (Gußmann, 1998, S. 200) Gußmann schlägt daher, in Anknüpfung an Roland Barthes, für die der Photographie zugrundeliegende Zeitform den griechischen Aorist vor, als einen punktuellen Akzent innerhalb eines Handlungs- oder Zeitverlaufs und außerhalb des Horizonts von Vorher und Nachher.

Erleben, und diese wiederum führt dazu, daß Repräsentationen isoliert auftreten und dadurch eine archaisch bedrohliche Qualität annehmen. Sie sind dann nicht integrierbar und werden projiziert. (Küchenhoff, 1990, S. 81f.)

Aufgrund der frühen Traumatisierungen und des Scheiterns einer für die Symbolisierungsfähigkeit notwendigen Triangulierung blieb das Denken der Patientin häufig eindimensional, das heißt die Erfahrungsbruchstücke blieben abgespalten und isoliert und konnten weder eingeordnet noch mit dem gegenwärtigen Erleben in Beziehung gesetzt werden. Auf diesem Niveau gibt es keinen Abstand zwischen Signifikat und Signifikant. Bezeichnend für diese Hypothese war, daß meine Patientin Zustände zwar systematisiert, jedoch in Konkretisierungen (vgl. Grubrich-Simitis, 1984) verhaftet schildern konnte, aber weder schien sie affektiv beteiligt, noch gelang es ihr, Verbindungen zwischen der Vergangenheit und der aktuellen Befindlichkeit und Symptomatik herzustellen, die als Symbolisierungen getaugt hätten. Während die konkretistischen Schilderungen durchaus den Anschein vom Vorhandensein introspektiver und reflexiver Fähigkeiten erwecken konnten, offenbarte sich im psychotherapeutischen Geschehen, insbesondere vor Trennungen, diese eigentümliche Leere, ihr »Ich-bin-schon-ganz-weit-weg«. So entstand eine Diskrepanz zwischen den schreckerregenden, aber abgekapselten, isolierten Ängsten *vor* der Trennung und der konkretistischen Qualität ihres Krankenberichtes *nach* der Trennung, der nicht etwas Vorgestelltes, Erinnertes, Gedachtes war. Nach Auffassung von Grubrich-Simitis basieren Konkretisierungen oder Transpositionen (Kestenberg, 1989) auf melancholischen Introjektions- bzw. Inkorporationsmechanismen mit dem Ziel, die endgültige innere Trennung von den verlorenen, traumatisierenden oder destruktiven Liebesobjekten zu vermeiden oder zumindest hinauszuzögern (vgl. Grubrich-Simitis, a.a.O.). In diesem Sinne stellt die Konkretisierung eine blockierte Trauerarbeit dar, die in ihrem normalen Verlauf mit einem allmählichen Besetzungsabzug von den Objektrepräsentanzen einhergeht.

Daß der Schmerz der Verlassenheit schon im nächsten Moment mit der Wiederkehr des geliebten Objektes sein Ende findet, ist eine überlebenstechnische Grundannahme, mit der das Ich seine Reise antritt. Es ist die Melodie, die es sich in finsteren Kerkern und tiefen Wäldern pfeift – die es sich vorsingt, immer dann, wenn der Schiffbruch droht. Freud begreift darin die Wurzel des Wiederholungszwangs, das Gefängnis der Melancholie, das allein in den Tränen der Trauer sein Ende findet. (Kappelhoff, 1999, S. 19)

Im folgenden Traum verdichten sich nicht nur noch einmal die quälenden, sprachlosen Ängste der Patientin wie etwa ihre Ortlosigkeit, die sich nur im kurzen Moment der von mir angewandten Freudschen »Druckpunkttechnik« zu lösen beginnen – ohne daß die Patientin von der Entstehungsgeschichte der Psychoanalyse etwas wußte –, sondern er zeigt auf bemerkenswerte Weise den eigentümlichen und spezifischen Abwehrvorgang der

Idyllenbildung. Die freigesetzten Ängste können nicht artikuliert werden, sondern werden unmittelbar in ein naturgemäß sprachloses Bild verwandelt und in eine idyllische Landschaft hineinprojiziert:

Ich komme hier ins Zimmer, und es sind ganz viele Leute darin, auch Sie, und ich denke: Oh, sie hat zugenommen! (Eine immer wiederkehrende Angst, ich könnte schwanger werden und sie dann verlassen, B. G.) Ich will mich dennoch auf die Couch legen, aber da hat ein älterer Herr seine Zeitung ausgebreitet. Ich sage, daß er bitte gehen möge, da jetzt meine Stunde anfange. Er reagiert sehr sauer und sagt: Ich bin hier der Seniorpsychologe, und ich darf hospitieren. Dann sind aber doch alle weg, und Sie drücken mit den Daumen links und rechts der Nase. In diesem Moment fange ich bitterlich an zu weinen. Von meiner Position aus schaue ich nun auf ein wunderschönes, sonniges Hügelland ...

Wenn ich meiner Patientin zuhörte, konnte ich nicht umhin, immer wieder an eine Passage aus Marlen Haushofers Roman *Himmel, der nirgendwo endet* (1966) zu denken. Aus der Perspektive des kleinen Mädchens Meta durchquert Haushofer die Kindheit als Zeit beispielloser Glückseligkeiten wie deren Schrecken mit quälenden Zuständen von Einsamkeit, Eifersucht und Neid, der sich bei Meta ins Unerträgliche steigert, als der kleine Bruder geboren wird und sie damit brutal aus einer zugeneigten Zweisamkeit mit der Mutter katapultiert. Diese nun gesprengte innige Dyade muß, wenn sie sich zufällig wieder einstellt, atemlos festgehalten und gebannt werden. Die folgende Passage zog sich als Deutungsmetapher der zerbrochenen Idylle durch die Analyse meiner Patientin. Hier finden sich noch einmal die Momente des fragilen, immerzu bedrohten Glücks, des Vorhang-Glücks, so möchte ich es nennen, das gegen die Zeit festgehalten werden will und doch unweigerlich an ihr, der fortgesetzten Zeit, zerbricht:

Mama sitzt an der Nähmaschine, dem schnurrenden Ungeheuer, das man nicht anfassen darf, und näht weiße Vorhänge fürs Schlafzimmer. Sie ist fröhlich und singt halblaut vor sich hin: »Es hat keine Dornen die Wasserros', sie trägt den Frieden in ihrem Schoß.« Meta weiß nicht, was eine Wasserros' ist, und auch das Wort »Frieden« kennt sie nicht, aber das Lied gefällt ihr. Es klingt so schön traurig und feierlich. Langsam sträuben sich die feinen Härchen auf ihren Armen und Beinen, und sie beginnt zu zittern. [...] Die Luft im Zimmer schlägt Wellen und schwillt an und ab mit dem Gesang.
Überhaupt ist heute ein besonderer Tag. Mama ist so froh, das Nähen tut ihr gut. Meta rührt sich nicht. Es ist besser, sie bleibt ganz still und macht sich klein, damit Mama sie vergißt, nur an ihre Vorhänge denkt und fröhlich bleibt. Die Fliegen summen am Fenster, und Mamas Stimme zittert beim Singen immer auf und nieder. Über Metas Rücken läuft ein Schauer hin. Sie möchte weinen oder lachen, aber sie will ja ganz still sitzen, damit Mama nicht aufhört. Jetzt tut der Gesang schon ein wenig weh, und Meta merkt gar nicht, daß sie zu winseln anfängt wie ein kleiner Hund. Mama verstummt und wendet erstaunt den Kopf, und da springt Meta auf und stürzt sich in die blaue Schürze. Plötzlich versteht sie alles. Die Wasserros', das ist Mama, und in ihrer blauen Schürze ist Frieden. Frieden ist das Wunderbarste, was es auf der Welt gibt. Mama streichelt Metas Kopf und lacht ein bißchen, ehe sie das Kind wegschiebt und aufsteht.

»So«, sagt sie befriedigt, »und jetzt hängen wir die Vorhänge auf«. Meta ist froh, daß etwas geschieht. Noch mehr Gesang könnte sie wirklich nicht aushalten. Sie kann befreit lachen, und die Luft hat aufgehört, Wellen zu schlagen. Mama breitet die Vorhänge aus, die sie selber bestickt hat: hellblaue Schlüsselblumen mit gelben Staubgefäßen. Gemeinsam tragen sie die Vorhänge ins Schlafzimmer. Mama steigt auf einen Stuhl und befestigt sie. Ihre Freude färbt auf Meta ab. So ist es: Wenn man ganz allein etwas Schönes gemacht hat, ist man zufrieden und stolz. Die Schlüsselblumen leuchten blauer als der Himmel, und die Staubgefäße lassen Meta an die gelben Butterwecken in der Speisekammer denken. Einen schöneren Vorhang hat es nie gegeben. Meta äußert begeistert diese Meinung, und Mama lacht geschmeichelt dazu. Die Vorhänge bauschen sich leicht im Frühlingswind, weiß, blau und gelb, und Meta bekommt Herzklopfen vor Freude.
Immer soll Mama so stehen bleiben, nichts darf sich ändern. Meta ist noch sehr klein, aber schon jetzt weiß sie, nichts bleibt, wie es ist. Mama wird in die Küche gehen und keine Zeit für sie haben, und die Seligkeit wird aufhören. Schon jetzt ist diese Seligkeit getrübt von Angst und Wissen. Beinahe ist Meta froh, als Mama den letzten Vorhang befestigt hat und vom Sessel steigt. Wenigstens muß sie nicht länger warten auf das Ende der Seligkeit.
Auf der Schwelle dreht sie sich noch einmal um. Die Vorhänge fallen gerade, der Wind ist gestorben, und das Licht fällt gedämpft auf den honiggelben Fußboden. Eine große Stille und Freude erfüllt den Raum. Gefaßt zieht Meta die Tür hinter sich zu und klettert an Mamas Hand die Stiege hinunter. Die große Stille und Freude ist im Schlafzimmer eingeschlossen. (Haushofer, 1966/1992, S. 14ff.)

Wieder also taucht der Topos des abgeschlossenen Raums wie im *Wutz* von Jean Paul auf, der »seinen Titelhelden erinnern läßt, wie er als Kind die Fensterläden schloß, um einen umgrenzten, sicheren Raum – eine Idylle eben – zu schaffen, ›so warm, so satt, so wohl‹, dann aber mag Wutz die Fenster nicht mehr ansehen, weil sich in ihnen die Stube spiegelt und damit ist die Begrenzung schon wieder aufgehoben, offen allem Unheimlichen, das unter anderem deshalb grenzenlos ist, weil wir es in die Welt hineinphantasieren« (Reemtsma, 2000, S. 6).

Erneut bin ich somit an den Anfang zurückgekehrt: *Et in Arcadia ego* bedeutet, daß, selbst wenn man die Welt aussperrt und sich selbst einsperrt, doch der nun erzwungene spiegelnde oder inwendige Blick bleibt, der wieder und wieder Unheimliches, Vergänglichkeit und Tod preiszugeben droht. Denn nicht erst die zerbrochene Idylle wirft das Ich zurück auf das, was es mit dieser so verzweifelt draußen halten wollte, wie es fast schon beschwörend bei Baudelaire anklingt:

Auf Venus' Insel alles mir zerrann,
Ein Galgen blieb, daran mein Bild zu schauen. – –
Gib, Herr, mir Kraft und Mut, daß ohne Grauen
Hinfort ich auf mich selber blicken kann. (1857/1955, S. 253)

Zusammenfassung

Den Ausgangspunkt für die Beschäftigung mit der Idylle bildet die psychoanalytische Behandlung einer psychosomatisch erkrankten Patientin, bei der sich die vorherrschende Idyllenbildung als Abwehrorganisation traumatischer Erfahrungen herauskristallisierte. Diese Beobachtung wurde zum Anlaß genommen, um sich auch dem kunst- und kulturhistorischen Diskurs zur Idylle zu widmen, der bemerkenswerterweise immer schon vom Auftauchen und Verschwinden des Todes geprägt war. Darüber hinaus zeigt die Autorin auf, daß sich die Phänomenologie der Idylle mit psychoanalytischen Konzepten zum Setting, psychischen Raum, der Funktionsweise des Unbewußten und der Regression verbinden läßt. Vor diesem Hintergrund wird der Versuch unternommen, aus dem Übertragungs- und Gegenübertragungsgeschehen heraus die spezifische Bedeutung und Psychodynamik der Idyllenbildung als Abwehrbewegung zu beschreiben.

Summary

Starting from the psychoanalytic treatment of a psychosomatically ill female patient, whose dominant forming of idylls turned out to be a defensive organisation of traumatic experiences, the paper deals with the idyll. From observations about the patient, the author goes on to deal with art history's and cultural history's discourse on the idyll that, remarkably, was always characterized by the appearance and disappearance of death. Furthermore, the author shows that the phenomenology of the idyll can be related to psychoanalytic concepts on setting, psychic space, the functioning of the unconscious and regression. Seen against this background and considering the movements of transference and countertransference, the specific meaning and the psychodynamics of the formation of an idyll is described as a defense movement.

Literatur

Barthes, R. (1977): *Fragmente einer Sprache der Liebe*. Frankfurt am Main: Suhrkamp, 1988

Baudelaire, Ch. (1857): *Die Blumen des Bösen*. Deutsch und Französisch. Übers. C. Fischer. Berlin: Luchterhand, 1955

Bell, D. (1999): Freud's analysis terminable and interminable: disillusion or disillusionment? Paper, presented to the Scientific Meeting of the British Psycho-Analytical Society on 20th October 1999. *Bull. Brit. Psycho-Anal.Soc.*, 35, 9-28

Bloch, E. (1973): *Das Prinzip Hoffnung*. Bd. 3. Frankfurt am Main: Suhrkamp

– (1976): Arkadien und Utopien. In: Garber, K. (Hrsg.): *Europäische Bukolik und Georgik*. Darmstadt: Wiss. Buchges., 1-7

Böschenstein-Schäfer, R. (1974): Die Struktur des Idyllischen im Werk der Annette von Droste-Hülshoff. In: *Kleine Beiträge zur Droste-Forschung*. Dülmen: Laumann, Bd. 3, S. 25-49
– (1976): Die Idyllen Theokrits. In: Garber, K. (Hrsg.): *Europäische Bukolik und Georgik*. Darmstadt: Wiss. Buchges., 8-13
– (1977): *Idylle*. Stuttgart: Metzler
– (1982): Gessner und die Wölfe. Zum Verhältnis von Idylle und Aggression. In: *Maler und Dichter der Idylle: 1730-1788. Ausstellung zum 250. Geburtstag Salomon Gessners*. Braunschweig: Druck- und Verlagshaus
Büchner, G. (1850): Lenz. In: *Werke und Briefe*. München: Hanser, 1980
Confurius, G. (1986): Essay zu Isolde Ohlbaum »Denn alle Lust will Ewigkeit«. *Erotische Skulpturen auf europäischen Friedhöfen*. Nördlingen: Greno, 84-116
Cooper, A. (1986): Toward a limited definition of psychic trauma. In: Rothstein, A. (ed.): *The Reconstruction of Trauma. Its Significance in Clinical Work*. Madison: IUP, S. 41-56
Elias, N. (2000): *Watteaus Pilgerfahrt zur Insel der Liebe*. Frankfurt am Main: Insel
Feuerlicht, I. (1933): Analyse des Idyllischen. *Psychoanalytische Bewegung*, 5, 167-186
Freud, S. (1916/1917): *Vorlesungen zur Einführung in die Psychoanalyse*. GW, 10
– (1920g): Jenseits des Lustprinzips. GW, 13, 1-69
– (1930a): Das Unbehagen in der Kultur. GW, 14, 419-506
– (1933a [1932]): Neue Folge der Vorlesungen zur Einführung in die Psychoanalyse. GW, 15, 1-197
– (1936a): *Brief an Romain Rolland: ›Eine Erinnerungsstörung auf der Akropolis‹*. GW, 16, 250-57
– (1985c [1887-1904]): Die Abwehrneurosen (Manuskript K). In: Masson, J. M. (Hrsg.): *Sigmund Freud. Briefe an Wilhelm Fließ 1887-1904*. Frankfurt am Main: Fischer, 1985
Gendolla, P. (1999): »Mehr Zeit in weniger Raum«. Zur Zeitwahrnehmung in Literatur und Kunst. In: Keller, U. (Hrsg.): *Zeitsprünge*. Berlin: Vorwerk 8, S. 193-205
Gessner, S. (1777): *Idyllen*. Voss, E. Th. (Hrsg.). Stuttgart: Reclam, 1988
Goethe, J. W. (1774): Die Leiden des jungen Werther. In: *Goethe Werke*, Bd. 4. Frankfurt am Main: Insel, 1965
– (1786-1788): *Italienische Reise*. München: dtv, 1995
– (1809). *Die Wahlverwandtschaften*. In: *Goethe Werke*, Bd. 3. Frankfurt am Main: Insel, 1965
Green, A. (1982): *Lebensnarzißmus, Todesnarzißmus*. Übers. v. E. Kittler u. E. Wolff. Gießen: Psychosozial, 2003, im Druck
Greve, G. (1996): Der Betrachter im Bild. Zu Adolph Menzels Gemälde »Das Balkonzimmer«. In: Greve, G. (Hrsg.): *Kunstbefragung. Dreißig Jahre psychoanalytische Werkinterpretation*. Tübingen: edition diskord, 135-153
Grubrich-Simitis, I. (1984): Vom Konkretismus zur Metaphorik. *Psyche – Z. Psychoanal.*, 38, 1-28
Gußmann, R. (1998): Photographie – Aorist und Geräusch. In: Birkenhauer, Th., Storr, A. (Hrsg.): *Zeitlichkeiten – Zur Realität der Künste. Theater, Film, Photographie, Malerei, Literatur*. Berlin: Vorwerk 8, S. 174-203
Gutwinski-Jeggle, J. (1992): Trauma und Zeiterleben. Theoretische Überlegungen. *Jahrb. Psychoanal.*, 29, 167-214
Habermas, J. (1968): *Erkenntnis und Interesse*. Frankfurt am Main: Suhrkamp, 1973
Haushofer, M. (1966): *Himmel, der nirgendwo endet*. Roman. Frankfurt am Main: Fischer, 1992

Held, J. (1985): *Antoine Watteau. Einschiffung nach Kythera. Versöhnung von Leidenschaft und Vernunft*. Frankfurt am Main: Fischer
Hölderlin, F. (1797/1799): Hyperion. *Sämtliche Werke. Frankfurter Ausgabe*, Band 10/11. Sattler, D. E. (Hrsg.). Frankfurt am Main: Stroemfeld/Roter Stern, 1976ff.
Hörhammer, D. (1983): Konzentrische Freudenkreise. Zum Charakter der Idylle bei Jean Paul. *Der Deutschunterricht*, 35, 91-109
Kappelhoff, H. (1999): Vom Bildlichen zum Sinnbildlichen: Ikonografische Leitmotivtechnik in dem Film »Titanic« von James Cameron. Vortragsmanuskript
Kestenberg, J. S. (1989): Neue Gedanken zur Transposition. Klinische, therapeutische und entwicklungsbedingte Betrachtungen. *Jahrb. Psychoanal.*, 24, 163-189
Klüwer, R. (1997): Einblicke in die Welt des Autismus. Z. *Psychoanal. Theo. Prax.*, 12, 151-165
Küchenhoff, J. (1990): Über verstehbare und nicht-verstehbare Zusammenhänge in der psychoanalytischen Psychosomatik. In: Streeck, U., Wertmann, H. V. (Hrsg.): *Herausforderungen für die Psychoanalyse*. München: Pfeiffer, 67-86
– (2001): Suizid – Suche nach Beziehung oder Zerstörung des Dialogs. In: Gerisch, B., Gans, I. (Hrsg.): *»Ich kehre in mich selbst zurück und finde eine Welt«. Autodestruktivität und chronische Suizidalität*. Göttingen: Vandenhoeck & Ruprecht, 60-80
Lammel, G. (1993): *Adolph Menzel. Bildwelt und Bildregie*. Dresden/Basel: Verlag der Kunst
McDougall, J. (1978): *Plädoyer für eine gewisse Anormalität*. Frankfurt am Main: Suhrkamp, 1989
McNeice, L. (1938): The Sunlight in the Garden. In: *The Earth Compels*. London: Faber
Michel, M. R. (1984): *Watteau*. München: Prestel
Money-Kyrle, R. (1971): The Aim of Psychoanalysis. *Int. J. Psychoanal.*, 49, 103-106
Oester, K. (1996): *Unheimliche Idylle. Zur Rhetorik heimatlicher Bilder*. Köln/Weimar/Wien: Böhlau
O'Shaughnessy, E. (1992): Enclaves and Excursions. *Int. J. Psychanal.*, 73, 603-611
Pankow, G. (1992): Die Dynamik des Raumes und die ungelebte Zeit. *Jahrb. Psychoanal.*, 29, 253-268
Panofsky, E. (1976): Et in Arcadia Ego: Poussin und die elegische Tradition. In: Garber, K. (Hrsg.): *Europäische Bukolik und Georgik*. Darmstadt: Wiss. Buchges., 271-305
Paul, J. (1790/91): *Leben des vergnügten Schulmeisterlein Maria Wutz in Auenthal. Eine Art Idylle*. Stuttgart: Reclam, 1977
– (1804): Vorschule der Ästhetik. In: *Werke*. Bd. 5. Miller, N. (Hrsg.). München: Hanser, 1959-1985
Perelberg, R. J. (1997): ›To be – or not to be – here‹: a woman's denial of time and memory. In: Raphael-Leff, J., Perelberg, R. J. (eds.): *Female Experience. Three Generations of British Women Psychoanalysts on Work with Women*. London, New York: Routledge, 60-76
Pietzcker, C. (1981): Narzißtisches Glück und Todesphantasie in Jean Pauls Leben des vergnügten Schulmeisterlein Maria Wutz in Auenthal. In: *Literatur und Psychoanalyse. Kopenhagener Kolloquien zur deutschen Literatur*, Bd. 3, München: Fink, 30-50
Pontalis, J. B. (1991): *Aus dem Blick verlieren. Im Horizont der Psychoanalyse*. München: Kirchheim
– (1998): *Zwischen Traum und Schmerz*. Frankfurt am Main: Fischer
Reemtsma, J. P. (1997): »Forsche nicht nach, wenn die Freiheit dir lieb ist; denn mein Gesicht ist ein Kerker der Liebe«. Philologische Anmerkungen zu Sigmund Freuds und Kurt

– (2000): Komet. Vortrag auf Einladung der Jean Paul Gesellschaft zum 175. Todestag von Jean Paul. Manuskript
Reiche, R. (1999): Subjekt, Patient, Außenwelt. In: Ostendorf, U., Peters, H. (Hrsg.): *Vom Werden des Subjekts. Tagungsband der Herbsttagung der Deutschen Psychoanalytischen Vereinigung*, 45-70
Rey, J. H. (1995): Schizoide Phänomene im Borderline-Syndrom. In: Bott Spillius, E. (Hrsg.): *Melanie Klein Heute. Entwicklungen in Theorie und Praxis.* Bd. 1. Stuttgart: Intl. Psychoanalyse, 253-287
Snell, B. (1976): Arkadien. Die Entdeckung einer geistigen Landschaft. In: Garber, K. (Hrsg.): *Europäische Bukolik und Georgik*. Darmstadt: Wiss. Buchges., 14-43
Steiner, J. (1993): *Orte des seelischen Rückzugs. Pathologische Organisationen bei psychotischen, neurotischen und Borderline-Patienten*. Stuttgart: Klett-Cotta, 1998
Storfer, A. J. (1937): *Im Dickicht der Sprache*. Berlin: Vorwerk 8, 2000
Thüsen, J. v. (1986): Kindheit ohne Trennungen: Tiefenstrukturen der Idylle. In: Stephan, I., Pietzcker, C. (Hrsg.): *Frauensprache, Frauenliteratur?: Für und Wider einer Psychoanalyse literarischer Werke*. Bd. 6. Tübingen: Niemeyer, 166-176
Uerscheln, G., Kalusok, M. (2001): *Kleines Wörterbuch der europäischen Gartenkunst*. Stuttgart: Reclam
Voss, Th. (1976): Arkadien und Grünau. Johann Heinrich Voss und das innere System seines Idyllenwerkes. In: Garber, K. (Hrsg.): *Europäische Bukolik und Georgik*. Darmstadt: Wiss. Buchges., 391-431
Weiß, H. (2000): Eine pathologische Organisation zur Maskierung einer suizidalen Phantasie. Vortragsmanuskript. In: Gerisch, B., Gans, I. (Hrsg.): *»Die Zukunft liegt in Finsternis«. Suizidalität in der psychoanalytischen Behandlung*. Göttingen: Vandenhoeck & Ruprecht, im Druck
– (2001): *Suizidalität als Ausdruck von »Psychic Retreats« – Behandlungstechnische Probleme*. Vortragsmanuskript
Woolf, V. (1915-1930): *Tagebücher*. In: Reichert, K. (Hrsg.): *Gesammelte Werke*. Bd. 15-17. Übers. Bosse-Sporleder, M. u. Wenner, C. Frankfurt am Main: Fischer, 1994-1999

Adresse der Autorin:
Priv.-Doz. Dr. phil. Benigna Gerisch, Therapiezentrum für Suizidgefährdete an der Klinik für Psychiatrie und Psychotherapie des Universitätsklinikums Hamburg-Eppendorf, Martinistraße 52, D - 20246 Hamburg
gerisch@uke.uni-hamburg.de

Christel Böhme-Bloem (Kiel)

Das Ergriffene im Begriff
Gedanken zum Symbolisierungsprozeß*

»Grasping« and »conceiving« – Thoughts on the process of symbolization

Einführung

Diese Arbeit betrachtet den Schritt vom Prä-Symbol zum Symbol. Dabei geht es um die Untersuchung eines Prozesses, an dessen Anfang das körperliche Ich des ganz jungen Kindes mit dem wenig gestalteten Rohmaterial somatischer Phänomene steht und an dessen Ende das Symbol als hoch differenzierte innere Repräsentation in emotional reifer, empathisch vermittelter sprachlich kommunizierbarer Begrifflichkeit als Ausdruck der spezifisch menschlichen Beziehungsform verfügbar ist. Das Wortspiel des Titels (Gutwinsky-Jeggle, 1995) zielt auf den somato-psychischen Anteil des Symbolisierungsprozesses ab: Zunächst wird etwas (versorgendes Objekt, Teilobjekt, Brust) gründlich mit Händen ergriffen, dann wandelt sich das Ergriffene über einen nachzuzeichnenden intra- und interpsychischen Entwicklungsweg in den Begriff mit dem Ziel, die Trennung vom Objekt zu ermöglichen, wobei immer etwas vom Ergriffenen im Begriff erhalten bleibt. Der Entwicklungsweg ist Gegenstand dieser Arbeit.

Ein wichtiges Element in diesem Prozeß soll gleichsam unters Mikroskop gelegt werden, weil dieses Element, nämlich das Phänomen der Affektabstimmung, wie es von den Säuglingsbeobachtern konzeptualisiert wird, geeignet ist, entscheidende Schritte der semiotischen Progression klarzumachen, insbesondere den Schritt von der körperlich sensomotorisch-gestischen Interaktion zum vorsprachlichen Präsymbol. Dabei wird es um eine Zusammenschau von entwicklungspsychologischen, affekt-theoretischen und psychoanalytischen Gedanken gehen, ein wegen der gebotenen methodischen und erkenntnistheoretischen Transparenz schwieriges Unterfangen, lädt doch gerade der Vorgang der Affektabstimmung besonders ein zum Betrachten von Berührungspunkten unterschiedlicher Referenzsysteme.

Solche Überlegungen könnten auch die Schritte ein wenig erhellen, die Patienten mit Symbolisierungsdefiziten zur Weiterentwicklung brauchen, also Patienten mit schweren Persönlichkeitsstörungen und psychosomatischen Symptomen, die aufgrund unzureichender Symbolisierung im Wiederholungszwang zirkulärer Verhaltensweisen gefangen sind und ihre oft heftigen Affekte weder spüren noch benennen können.

* Bei der Redaktion eingegangen am 20.12.2000.

Vor dem Hintergrund dessen, daß das Symbol »das Gelenkstück zwischen individueller und sozialer Struktur« (Schmid Noerr, 2000) ist, möchte ich die Bewegung der symbolischen Erfahrung mit Plassmann (1993) als »semiotische[1] Progression« beschreiben. Dabei interessieren mich

1. die Fortschritte im Zeichengebrauch, die semiotische Progression, in unterschiedlichen Denkmodellen,
2. die »Affektabstimmung« unter interdisziplinärem Blickwinkel und
3. die semiotische Progression im beginnenden Symbolisierungsprozeß einer analytischen Therapie.

Die semiotische Progression

Wenn Gesundheit als »der soziale, körperliche und psychische Zustand« gilt, »in dem sich das semiotische Niveau erhöhen, das heißt, das Individuum leben kann« (v. Uexküll und Wesiack, 1991), so enthalten alle mir bekannten psychoanalytischen Konzepte in irgendeiner Form eine Vorstellung der semiotischen Progression. Darüber hinaus betrifft das aber auch alle Entwicklungsmodelle in den Bereichen Biologie, Psychologie und Philosophie. Dieser offenbar basale Wunsch, die semiotische Progression prozessual zu erfassen, würde es darum nahelegen, unterschiedliche Entwicklungsvorstellungen miteinander zu vergleichen, um Differenzen und Gemeinsamkeiten zu suchen und Integrationsmöglichkeiten aufzufinden – wohlgemerkt: unter Berücksichtigung der Verschiedenheit der Referenzsysteme, die nicht einfach ineinander überführt werden dürfen. Unterschiedliche Entwicklungsmodelle können so parallelisiert und bezüglich ihrer Aussage über das Symbolisierungsgeschehen auf eine imaginäre »Symbolisierungsachse« (s. Schema) bezogen werden (vgl. Böhme-Bloem, Trempler, 1995).

Der erkenntnistheoretische Nutzen eines solchen Unterfangens liegt in der größeren Beweglichkeit innerhalb eines Modells und in einer Einsicht in die Entwicklungsdynamik von Modellen mit der Frage, wann bestimmte Ideen auftauchen und sich ggf. an verschiedenen Orten parallel zeigen.[2] Mit der Möglichkeit des spielerischen Theorienvergleichs fühle ich mich Künzler (2000) verbunden, der in seiner Arbeit mit dem Untertitel »Die Vertreibung aus der Gewißheit psychoanalytischer Theorien« schreibt: »Was die psychoanalytische Praxis braucht und generieren sollte, sind konnotative Theorien, die die autopoietische Realität des Analysanden erfassen.« (s.p.) Die Idee des Theorienvergleichs findet sich auch bei J. P. Haas, der es für eine »spannende

1 Ein Semiosisprozeß, ein Zeichenvorgang, ist (wie später von Wichtigkeit sein wird) nach Peirce auf irreduzible Weise triadisch: Irgend etwas ist ein Zeichen für irgend etwas für irgend jemanden (Morris, 1975).

2 Herrn Dipl. Psych. Volker Trempler, Kiel, danke ich an dieser Stelle sehr für die förderliche Zusammenarbeit.

Krause	Stern	Bion	Winnicott	Lacan	Matte-Blanco
	auftauchendes Selbst	Beta-Elemente	Holding		
S1=körperlich expressives Signal					Symmetrie
S2= physiol. Zeichen		Angeborene Präkonzeptionen	Unintegriertheit		
S3=Körperhaltung	Kernselbst			Spiegelstadium Jubilatorisches Infans »Moi«	*»indivisible mode«*
		Alpha-Funktion			
S1-S3=»Affekte« »occuring emotions« (limbisches System)	*transmodale Wahrnehmung*	*»Reverie« (container/contained)*	Illusion		*Generalisierung*
	subjektives Selbst mit	Alpha-Elemente		imaginäre Beherrschung	Bilogik
		Traum-	Übergangs-	Sprache	Mischung von Symmetrie
	Affekt-				
			Symbolisierungsachse		
	-Abstimmung				
		-gedanken Mythen	-phänomene Besorgnis	des Anderen	und Asymmetrie
S4=Wahrnehmen und Erleben des Affekts »Gefühl«		Präkonzepte Konzepte	Wiedergutmachung		*Diskrimination*
S5=Empathie	verbales Selbst	Theorien		»Je« Rhetorik des Unbewußten	
S1-S5: »experienced emotions« (Neocortex)			Schöpferische Aktivität		Asymmetrie

Entwicklungsmodell – Schema zur semiotischen Progression

und vielversprechende Arbeit« hält, »Bions Prozeßtheorie der Emotionen mit den affektpsychologischen Befunden der sogenannten Infant-Studies zu vergleichen.« (1997, S. 179f.)

Wie das Schema zeigt, greife ich für das jetzige Thema das Modell der Affektforscher, hier speziell das von Rainer Krause (1988) heraus, seine Beschreibung des Affektsystems als einer Entwicklungsreihe von den angeborenen affektiven Phänomenen bis hin zu den erlebnismäßig repräsentierten Gefühlen; dazu die Entwicklungsvorstellungen von Daniel Stern (1992), der sich mit der Entwicklung des Selbstempfindens beim Säugling und seiner Objektbezogenheit befaßt und die Wendung vom präverbalen ganzheitlich erlebenden hin zum verbalen Selbstempfinden studiert hat. Von ihm stammt der Begriff und die Beschreibung der Affektabstimmung (*affect attunement*), jener Interaktion zwischen Mutter und Kind, die im Zuge dieser Arbeit genauer betrachtet und auf ihre psychoanalytische Bedeutung untersucht werden soll. Diesen Modellen stelle ich die Vorstellung Wilfred Bions (1962) von der Entwicklung des Denkens über die emotionale Erfahrung hinzu. Der Vergleich der Entwicklung von Affekten und Emotionen bei Krause und die Entwicklung der emotionalen Erfahrung Bions bietet sich besonders an, weil es beiden Autoren um den Überstieg aus der unbezogenen in die bezogene zwischenmenschliche Erfahrung geht.

Die Überlegungen von Donald Winnicott, der mit seiner Beschreibung der Übergangsphänomene viel zur semiotischen Progression zu sagen hat, sollen im Kontext des Theorienvergleichs lediglich zeigen, daß Parallelisieren sinnvoll ist. Die erste Arbeit von Winnicott zu diesem Thema, *Übergangsobjekte und Übergangsphänomene*, fällt in das gleiche Jahr 1953 wie Lacans Arbeit zu Sprache und Symbol, *Funktion und Feld des Sprechens und der Sprache in der Psychoanalyse*. Eine Synopsis beider Arbeiten findet sich bei Heinz Weiß und Gerda Pagel (1986). In dieser Arbeit, *Übergangsphänomene und symbolische Ordnung. Winnicott – Lacan,* fällt der intermediäre Bereich (Winnicott), der ein Abkömmling des Spiels ist, mit der Eröffnung des »ordre symbolique« (Lacan) zusammen, allerdings mit einigen Differenzen, welche die Autoren sorgfältig diskutieren; so mit dem für die vorliegende Arbeit wichtigen Unterschied, daß Winnicott ganz aus der Entwicklungspsychologie kommt und hier vielleicht »mehr phänomenologisch als psychoanalytisch ist«, Lacan hingegen aus dem Strukturalismus (Weiß u. Pagel, 1986, S. 48).

In diesem Zusammenhang ist auch der Vergleich mit Matte Blancos theoretischer Vorstellung zum Denkprozeß und zum psychischen Funktionieren interessant, in welcher die semiotische Progression in einem fortlaufenden Differenzierungsprozeß besteht von deckungsgleichen, symmetrischen, primärprozeßhaften Phänomenen bis hin zur ausgeprägten Asymmetrie und Differenzierung (vgl. Fink, 1994). Allerdings muß auch hier wie in allen vorgenannten Modellen betont werden, daß nicht eine lineare Progression gilt, sondern ein ständiges »Auf und Ab« innerhalb des Schemas vorgestellt werden muß, Progression und Regression wechseln im Entwicklungsgang ständig. Hier und jetzt interessiert die semiotische Progression, die Bewegung von oben nach unten. Der eigentliche inhaltliche Vergleich der Modelle muß einer späteren Arbeit vorbehalten bleiben.

Die Symbolisierungsachse im Schema soll den Wechsel von Zeichensystemen anzeigen. Oberhalb finden wir in allen Modellen Begriffe oder Inhalte vor der Bildung symbolischer Repräsentanzen, körperliche oder körpernahe Phänomene oder präsymbolische seelische Sachverhalte, unterhalb sind Inhalte mit symbolischer Repräsentation aufgeführt. Ich möchte mit diesem Schema dazu anregen, die Symbolentstehung und dazu besonders das Phänomen der Affektabstimmung quasi interdisziplinär, zwischen klinischer Psychologie, Entwicklungsbeobachtung und psychoanalytischer Theoriebildung zu betrachten.

Im Entwicklungsverlauf der psychoanalytischen Theoriebildung lassen sich explizite oder implizite Stellungnahmen zur semiotischen Progression bei Freud, Melanie Klein und, wie gesagt, bei allen Autoren finden, die sich metapsychologisch äußern. Letztlich geht es bei allen um das vielbeschworene »animal symbola formans« (Cassirer, 1922). Namentlich aber verbindet Freud mit dem Symbolisierungsprozeß die Bindung der Objekteindrücke an Wortreste oder vielmehr die »Vereinigung von Sach- und Wortvorstellungen« (Freud, 1911b, S. 233f.). Diese Verknüpfung führt zu »Überbesetzungen«, »welche die höhere psychische Organisation herbeiführen und die Ablösung des Primärvorganges durch den im Vbw herrschenden Sekundärvorgang ermöglichen« (Freud, 1915e, S. 300). Zwar spricht Freud dies nicht aus, aber ich denke, daß es hier um eine affektive »Überbesetzung« geht, die nach Ciompi einen deutlichen Progressionsschub bringt. »Der Affekt besitzt die Schaltkraft zur höheren psychischen Leistung.« (Ciompi, 1997)

Hanna Segal setzt die Überlegungen von Melanie Klein (1930) fort, indem sie die Symbolisierungsfähigkeit als Schritt von der paranoid-schizoiden zur depressiven Position beschreibt. Sie beginnt bei der Bewältigung des Objektverlustes, in dessen Folge es darum geht, über den Trauerprozeß das Objekt im Inneren zu verankern. Wir lesen bei ihr: »Nur was angemessen betrauert werden kann, kann auch angemessen symbolisiert werden.« (1957) und: »Ein Symbol ist wie der Niederschlag der Trauer um das Objekt.« (1992) Die Verankerung des verlorenen Objektes im Innern geschieht bei Segal in der paranoid-schizoiden Position zunächst sehr konkret. Wie der Steinzeitmensch das Tier in seine Höhle hereinholt und in Gestalt der Zeichnung wirklich anwesend wähnt (vgl. Orban, 1976), so werden in der Entwicklungsfrühe der paranoid-schizoiden Position Zeichen und Partialobjekt nicht unterschieden (symbolische Gleichsetzung). Indem Segal die *Container/Contained*-Vorstellung über die Entwicklung des Denkens von Bion in ihr Konzept integriert, macht sie deutlich, daß Bions Theorie des Denkens ihrer Theorie der Symbolisierung sehr nahe steht. (1957 u. Nachschrift, 1979)

Bion (1959, 1962) beschreibt die Entwicklung des Denkens mit dem Ziel der dialogfähigen symbolisierten Form des Gedankens vom Zeitpunkt der Geburt an. Dreh- und Angelpunkt der seelischen Entwicklung ist für ihn die emotionale Erfahrung. Dabei regeln die beiden Prozeßmechanismen, der Prozeßmechanismus I (*Container/Contained*) und der Prozeßmechanismus II (Wechselspiel zwischen paranoid-schizoider und depressiver Position) die gesamte Entwicklung. Am Anfang der Säuglingsentwicklung steht eine angeborene Erwartung, auch Präkonzeption genannt, z.B. in Gestalt des suchenden geöffneten Säuglingsmundes. Diese Präkonzeption muß durch die Mutterbrust in der sogenannten Realisierung oder im Realerlebnis ergänzt werden zu einer sogenannten Konzeption. Bei großer Fähigkeit des Säuglings, Versagungen zu ertragen, kann bei abwesender Brust das Erleben »abwesende Brust« in den Gedanken transformiert und zum Denken benutzt werden. (vgl. Loch, 1970: »Keine Milch, daher ein Gedanke.«)

Nach dem *Container/Contained*-Modell entwickelt das Kind »ein Verhalten, das sinnvoll darauf abzielt, in der Mutter diejenigen Gefühle hervorzurufen, die es loszuwerden wünscht« – die »realistische Form der projektiven Identifizierung, die nicht nur eine omnipotente Phantasie des Kindes ist, sondern die Mutter zu einem Verhalten veranlaßt, diese bösen Gefühle (Beta-Elemente, rohe Sinnesdaten) in sich aufzunehmen beziehungsweise sie auch zu fühlen und in eine erträgliche Form zu transformieren, die der Säugling reintrojizieren kann.« (Alpha-Prozeß, Bion, 1959, S. 230) Die Voraussetzung zur Transformation ist die Fähigkeit der Mutter, das auszuwählen, was sie aufnehmen und umwandeln kann.

Bion spricht in diesem Zusammenhang von dem »selected fact«, also von der Fähigkeit der Mutter beispielsweise bei der Affektabstimmung, die spezielle Affektäußerung ihres Kindes auszuwählen, aufzunehmen und zu transformieren. Bei guter Entwicklung introjiziert der Säugling nicht nur die vorverdauten Alpha-Elemente, sondern allmählich auch die Fähigkeit des Enthaltens, die *Container*-Funktion, und die des Transformierens. Die reintrojizierten Alpha-Elemente bilden die Grundlage der Traumgedanken, Mythen, Konzepte und Theorien, die Bion (1977) im Raster seiner eigenwilligen Entwicklungsreihe semiotischer Progression aufreiht.

Die Entwicklung von der angeborenen Präkonzeption bis zum dialogfähigen Gedanken – vielleicht über die Freud'sche Vereinigung von Sach- und Wortvorstellung – ist ein weiter Weg. Immer wieder stellt sich die Frage, wie das sensomotorisch wahrgenommene affektive Erleben ins seelisch repräsentierte Erleben gelangen kann, wie also das Ergriffene in den Begriff kommt. Meine Hypothese lautet nun: Die Affektabstimmung ist die Art der Interaktion zwischen Mutter und Kind, bei welcher der Sprung vom körperlich gebundenen Affekt ins seelische Erleben sichtbar wird in unmittelbarer Vorbereitung zur Symbolbildung.

In diesem Zusammenhang scheint mir die von Susan Langer (1942) beschriebene Entwicklung von präsentativen und diskursiven Symbolen wichtig. Die präsentativen Symbole spielen nämlich bei der Vorbereitung des Symbolisierungsprozesses eine große Rolle. Sie sind nach Langer dadurch charakterisiert, daß sie durch verschiedene Sinne unmittelbar transmodal verstanden werden, so daß verschiedene Gruppen von Zeichen gleichzeitig angeboten und dechiffriert werden können, während die diskursiven, das heißt, an die Sprache gebundenen Symbole nacheinander dargeboten und verstanden werden müssen. Die präsentativen Symbole zeichnen sich aus durch primärprozeßhafte Charakteristika, Verdichtung und Verschiebung sowie durch große Nähe zum Affekt. Sie stellen eine synchrone Gruppe von Zeichen dar, so daß das Bezeichnete wie in eine Zeichenwolke eingehüllt vorgestellt werden kann. Der präsentative Symbolmodus, der, wie Langer sagt, »unmittelbar zu den Sinnen spricht«, ist für sie keine geringere Leistung des menschlichen Geistes, sondern notwendiger Vorläufer des diskursiven Modus (Langer, 1942, S. 201).

Affektabstimmung – interdisziplinär gesehen

Das Affektsystem ist seit etwa zwanzig Jahren ins Zentrum des psychoanalytischen und außeranalytischen Interesses geraten. Es ist ein Zeichensystem, das allerdings im seelischen Entwicklungsprozeß deutliche Verwandlungen durchläuft. Nicht von ungefähr sind für den Schweizer Psychiater und Hirnphysiologen Luc Ciompi (1997) Affekte die zentralen Organisatoren der menschlichen Psyche, während es bei Rainer Krause kurz und bündig heißt: »Gefühle sind die Lackmusprobe für den Stand der Diskussion des Leib-Seele-Problems.« (1996, S. 195) Und bereits Bion nannte Gefühle und Affekte das »erste und universelle Bindemittel zwischen dem Ich und seinen inneren und äußeren Objekten« (zit. n. Haas, a.a.O, S. 148), während bei Freud der Affekt ein Teil der Triebrepräsentanz ist, die er als etwas »Zusammengesetztes« beschreibt: »Das eine Element ist eine Vorstellung oder Vorstellungsgruppe, welche vom Trieb her mit einem bestimmten Betrag von psychischer Energie (Libido, Interesse) besetzt ist«, das andere Element ist der Affektbetrag: »Er entspricht dem Triebe insofern er sich von der Vorstellung abgelöst hat und einen seiner Quantität gemäßen Ausdruck in Vorgängen findet, welche als Affekte der Empfindung bemerkbar werden.« (Freud, 1915d, S. 255) Wenn der Trieb also eine »Grenz«-Stellung »zwischen dem Seelischen und Somatischen« einnimmt, so trifft das auch auf den Affekt in besonderem Maße zu.

Die Affekte beginnen als etwas rein Körperliches. Wir kennen eine Reihe angeborener oder in den ersten Monaten auftauchender, kulturübergreifend nachweisbarer Basisaffekte (Ekmann et al., 1988), die phylogenetisch dem Instinktsystem entstammen, beziehungsweise dieses abgelöst haben. Sie werden vom menschlichen Säugling eingesetzt, um Veränderungen der gerade laufenden Objektbeziehungen, eine Abschwächung oder Verstärkung, zu erreichen. Es sind die von Geburt an zu beobachtenden Affekte Interesse, Erregung und Freude sowie Ekel oder Abneigung, Traurigkeit und Verzweiflung, die vom 3. bis 6. Monat hinzutreten (vgl. Moser u. v. Zeppelin, 1996). Im Verlauf der Entwicklung erfahren diese zunächst rein körperlichen Reaktionen, die noch ohne psychische Repräsentanz vom limbischen System, einer phylogenetisch älteren Hirnregion, gesteuert werden, eine zunehmende Mentalisierung (vgl. Schema, 1. Spalte). Innerhalb seines Affekt-Modells reserviert Krause (1992) den Begriff Affekt für die rein somatischen Zeichen, die zur Beziehungsregulation dienen. Die angeborenen Affekte bestehen aus einem körperlichen, expressiven, in der Regel mimischen Signal (S1), physiologischen Zeichen (S2) wie Gesichtsröte oder -blässe und einer spezifischen Körperhaltung (S3). Die Affekte geschehen einfach – daher *occuring emotions*. Von Gefühlen spricht Krause dagegen, wenn der geschehende Anteil wahrgenommen, verstanden und benannt wird, und von Empathie spricht er, wenn zusätzlich zum Selbsterleben ein Erleben des anderen hinzukommt. Die Gesamtheit der Signale (S1-S5) nennt er *experienced emotions*.

Unter Vorbehalt, daß bei der Reflexion über das Erleben von Säuglingen stets beachtet werden muß, daß es sich um »Beschreibungen zweiter Ordnung« (J. v. Uexküll) handelt, geht es im folgenden um die Wandlung von den *occuring* zu den *experienced emotions*, das heißt um die Frage, wie unsymbolisierte Affekte zu Gefühlen werden. Das dürfte im übrigen der Frage entsprechen, wie »unverdauliche« Beta-Emotionen zu Alpha-Emotionen werden. In allen drei Modellen, bei Krause, Stern und Bion, entsteht etwas Neues. Die semiotische Progression (s. Schema) ist darum nachzuzeichnen als eine Bewegung in Richtung der Symbolisierungsachse oder der deutliche Schritt darüber hinaus.

Bereits intrauterin macht der Säugling affektive Erfahrungen. Seine Vorliebe für Vertrautes, z.B. für intrauterin gehörte Texte nach den im Experiment abgehaltenen sogenannten »intrauterinen Vorlesungen«, können als Beleg gelten. Dabei rufen Säuglinge nach der Geburt die vertrauten Texte (selektiv Lyrik oder Prosa) durch die passende Saugfrequenz bevorzugt ab. Die Neugeborenen saugen an speziellen Saugern in einem bestimmten, jeweils von ihnen zu entdeckenden Rhythmus und wiederholen den Rhythmus, welcher zu ihrem bevorzugten Höreindruck geführt hat, signifikant häufiger als andere Rhythmen (DeCasper und Spence, 1986). Dies ist an sich keine Affektäußerung, jedoch eine deutliche Kombination aus Erwartung und Wunsch, also Zeugnis einer affektiven Erfahrung, die rein sensomotorisch präsent ist, beziehungsweise, wie Krause sagt, dem Säugling einfach geschieht. Diese sich ereignenden Affekte dienen, wie schon erwähnt, dazu, die Objektbeziehung zu intensivieren oder abzuschwächen, wirken als Signale, auf die eine motorische Antwort von seiten der Pflegeperson folgen muß.

Die Affekte müssen von der Pflegeperson gelesen, verstanden und beantwortet werden. Fehlt das Beantworten z.B. bei einer depressiven oder psychotischen Mutter, so tritt eine empfindliche und folgenreiche Störung in der kindlichen Entwicklung auf. Krause (1988) spricht von einer Curare-Vergiftung (Curarisierung) des Systems; wie vom indianischen Pfeilgift getroffen versiegt nach anfänglicher Affektsteigerung die Affektivität des Kindes.

Der Säugling selbst liest noch keine Affekte, er registriert jedoch sehr genau den Vitalitätstonus der Mutter, die Art und Weise, wie sie ihn trägt, pflegt und zu ihm spricht. Ihr Vitalitätstonus ist sein Lebenselement. Er registriert, ob sie ihn gleichmäßig, an- und abschwellend, flüchtig, verblassend oder explosiv pflegt. Daniel Stern bezeichnet die Phänomene des Vitalitätstonus als Vitalitätsaffekte und macht so die Nähe zum Affektgeschehen deutlich (Stern, a.a.O.).

Der Säugling nimmt den Vitalitätstonus multimodal wahr, alle Sinne sind gleichzeitig aktiv. Daß der Säugling schon bald nach der Geburt in der Lage ist, das mit verschiedenen Sinnen Wahrgenommene einheitlich zu erleben beziehungsweise zusammenzubringen, also die transmodale oder auch kreuzmodale Wahrnehmungsfähigkeit, war einer der wichtigen Funde der Säuglingsforschung. Diese menschliche Fähigkeit ist für die Symbolbildung enorm bedeutsam.

In den ersten sieben bis acht Monaten ist das Spiel zwischen Mutter und Säugling durch Imitation und Spiegeln gekennzeichnet, die von Stern dargestellte Entwicklung des Selbstempfindens und des Bezogenseins, am Anfang also des »auftauchenden Selbstempfindens« und die Konstituierung des »Kernselbst« entsprechen dieser Zeit.

Donald Meltzer (1975) beschreibt für diese Entwicklungszeit die sogenannte adhäsive Identifizierung, eine intensiv auf Nähe, Anlehnung und das Erleben von Gleichheit angewiesene Entwicklungsphase, die er auch als Zeit der Zweidimensionalität charakterisiert. Thomas Ogden (1999) spricht vom autistisch-berührenden Modus, der Begriff des *holding* von Winnicott (1953) geht in die gleiche Richtung. Etwa vom neunten Monat an beschreibt Stern die allmähliche Entwicklung des »subjektiven Selbst« und der »intersubjektiven Bezogenheit«.

In dieser Zeit spielt der Vorgang der Affektabstimmung eine herausragende Rolle. Ein Beispiel möge das Geschehen verdeutlichen: Stellen wir uns ein zehn Monate altes Kind vor, das mit Anstrengung und Hingabe einen Bauklotz schiebt. Die Mutter beobachtet es und hat Lust mitzutun. Sie kann z.B. das Tun des Kleinen lautlich untermalen mit einem langgezogenen »Uuuh«. Sie kommentiert damit seine Anstrengung und zeigt so ihrem Kind, daß sie seinen Affekt verstanden hat, das heißt, daß es eine korrespondierende Erfahrung in ihr gibt. Das Kind erfährt, daß die motorische Lust, die es sensomotorisch wahrgenommen hat, in anderer Form, in einer Lautmetapher, ausgedrückt werden kann. Seine körperliche Wahrnehmung wird direkt übersetzt und gerät deutlich in den intersubjektiven Bereich, wird zum psychosozialen Zeichen. Auch wenn wir davon ausgehen, daß dieses vom Kind bewegte Stück Umwelt von ihm nicht als von der Mutter getrennt wahrgenommen wird, beziehungsweise als Partialobjekt gilt, ist doch die lautliche Antwort der Mutter eine Äußerung, die eine Differenz in das Geschehen bringt und somit das Kind veranlaßt, Differenz und Gemeinsamkeit zu einem Dreieck (semiotische Triade, s. o.) zu verbinden. Eigentlich tun dies beide Spielpartner. Die Mutter schiebt durch ihre Lust zum transmodalen Verändern die bisher (in der Zeit des Imitierens) gleichen Zeichen auseinander. Auch sie differenziert in sensomotorisches Krafterleben und Laut; gemeinsam werden die beiden Spielpartner Träger des präsentativen Symbols mit der Zeichenwolke, die assoziativ etwa lauten könnte: »stark, angespannt, gerichtet, lustvoll, dunkel-tönend, laut.«

Der Schritt, welcher der spielerischen Affektantwort der Mutter vorausgeht, ist eine Art traumwandlerisch sicherer Akt des Aufnehmens. Bion spricht von der *Rêverie* der Mutter. In träumerischer Einfühlung erfaßt sie den kindlichen Affekt, nimmt ihn aus der Masse protomentaler Rohdaten in sich auf, formt ihn in ihrem Inneren um und stellt ihn dem Kind wieder zur Verfügung. Der Inhalt dieser Botschaft lautet: »Ich sehe und verstehe dich, habe dein Erleben auf meine Weise verstanden und lasse es dich wissen.« Dabei imitiert die Mutter in dieser Entwicklungszeit ihres Kindes den Affekt nicht mehr, denn sie weiß intuitiv, daß das Kind mehr von der Veränderung profitiert. Sie vermittelt ihm, daß sie eine andere Person ist, läßt ihr Kind den Quantensprung der Getrenntheit spüren in einer ersten, genügend niedrigschwelligen Weise.

Im Kind könnte es dann emotional heißen: »Der Affekt stark, angespannt, gerichtet, lustvoll kann tönen und Uuh heißen.« Oder etwas reifer: »Ja, ich erlebe, du hast meinen freudigen Anstrengungsimpuls verstanden und gibst ihm deine Bedeutung – du machst Musik zu meinem Schieben.« Bion würde in der ihm eigenen Metaphorik vielleicht fortsetzen: »Du bist die denkende Brust.« Dies ist eine erste wirkliche Inter-Subjektivität, aus der zweidimensionalen Bezogenheit ist durch das Tertium des Andersartigen ein Dreieck geworden: Das Kind erkennt, daß die mütterliche Reaktion mit seinem gerade gespürten Affekt zu tun hat. Es spürt, daß der Affekt in der Mutter war und daß die Mutter es auf einen Raum in ihr hinweist, der hinter dem sensomotorisch Wahrgenommenen liegt, der Raum des Gefühlserlebens, der dem Kind bislang nicht zugänglich war. Eine Differenz wird integriert.[3]

So macht das Kind die Erfahrung eines Innenraums in der Mutter, den es erreichen und beeinflussen kann. Der Affekt des Kindes (noch ganz *occuring*

3 Daser, der bei der Beschreibung der triadischen Struktur der Erkenntnis den Begriff »Interaktionelle Integration« verwendet, schreibt: »Abstand, Raum für Wahrnehmung und Erkenntnis, Struktur und Beziehung entstehen offenbar gleichzeitig.« (1998, S. 226)

emotion) wird von der Mutter transformiert, und das Kind bekommt ein erlebbares Gefühl (*experienced emotion*) zurück. Durch die transmodale Veränderung erlebt das Kind etwas Neues auf der Folie des Vertrauten. Zugleich verändert sich die Dimension der Zeit, der erlebte Affekt geht über den Augenblick hinaus. Freilich sind viele solche Übersetzungsangebote im täglichen Miteinander notwendig, bis sich das psychosoziale Zeichen über den Augenblick hinaus etabliert. Das Gefühl wird noch nicht sprachlich erfaßt, sondern transmodal ganzheitlich erlebt. Wir sind somit Zeugen der Entstehung eines Langerschen präsentativen Symbols. Dieses wird vom Kind motorisch gespürt und gehört und als Zusammenpassendes entspannt oder erfreut aufgenommen.

In der Mutter löst die Verdichtung des sensomotorischen Affektes ihres Kindes einerseits die Lust aus mitzutun, andererseits bekommt sie vermutlich dadurch auch Lust zum transmodalen Verschiebespiel. Diese Verdichtung des sensomotorischen Affektes mit anderen Worten wird von der Mutter metaphorisch übertragen – ein »Transfer« findet statt in den intersubjektiven Raum, der durch die transmodale Verschiebung verdeutlicht wird. Verdichtung und Verschiebung, Metapher und Metonymie, sind die »Rhetorik des Unbewußten« (Lacan, 1953) – wir könnten auch sagen: die Prozessoren dieser Form der semiotischen Progression.

Wichtig aber ist, daß beides, Verdichtung und Verschiebung, im anderen stattfindet und nicht ausschließlich im Individuum selbst, wie man gemäß Freuds Überlegungen zur Überbesetzung (s.o.) denken könnte. Wir bekommen so ein Bild vom »Verdauungsprozeß«, der im mütterlichen *Container* stattfindet, bevor die transformierten Elemente (aus Beta- wurden Alpha-Elemente) dem Kind wieder zur Verfügung stehen. Was in der Vorstellung Freuds in der Psyche eines Individuums organisiert ist, verteilt sich im Dialog auf die Beziehungspartner. Zwar geht es bei der Affektabstimmung nicht um besonders bedrängende Affekte wie im Falle der unverdaulichen Beta-Emotionen, die unbedingt projektiv ausgestoßen werden müssen. Die Mutter wird jedoch zu dieser Zeit der Entwicklungsgeschichte ihres Kindes von den kindlichen sensomotorischen Affekten in ihrem eigenen seelischen System »affiziert« und dadurch gedrängt, ihr Kind durch den Trennungsschritt (transmodale Veränderung) in die semiotische Progression zu bringen (im Bion'schen Raster würde das bedeuten, daß eine Progression von Reihe A nach Reihe B erfolgt.) Die Mutter tut dies intuitiv und hinreichend sicher in der Auswahl entsprechend ihrer träumerischen Einfühlung, und dies bei allem, ohne daß es als katastrophische Veränderung zu verstehen ist. Für die Tatsache, daß es im klinischen Kontext immer um eine katastrophische Veränderung geht, ist möglicherweise Bions ursprüngliche Arbeit mit Psychotikern ausschlaggebend. Im Spätwerk (Bion, 1977) scheint er die »catastrophic change« zur »caesura« abzumildern.

Eine Zäsur ist der beschriebene Überstieg von den *occuring* zu den *experienced emotions* allemal. Generell stellt sich meines Erachtens die Frage, inwieweit die Transformationstheorie in solch empirischen Prozessen wiederzufinden ist. Vielleicht liegt hier eine Chance für eine noch viel umfassendere interdisziplinäre Betrachtung, eine Zusammenschau von den Gedanken der Säuglingsbeobachter, den Gedanken Piagets (1959), den Erkenntnissen der Neurobiologie (vgl. Deneke, 1999) und den so überaus kreativen und fruchtbaren psychoanalytischen Gedanken Bions.[4] Halten wir also fest, daß Verdichtung des Affektes und Verschiebung auf einen Repräsentanten anderer Modalität basale Voraussetzungen des Symbolisierungsvorgangs beschreiben. Die Affektabstimmung ist meines Erachtens somit das einfachste Modell für den zur Symbolisierung führenden Akt der Verdichtung und Verschiebung und für den Überstieg vom körperlich sensomotorischen zum seelischen Erleben. Die Affektabstimmung ist die erste Interaktion mit metaphorisch/metonymischer Doppelstruktur.

Am Beginn der verbalen Bezogenheit, nach Stern also mit etwa 12-15 Monaten, stimmt die Mutter ein ganzes Bündel von freudigen Affekten, die sich auf den Mann richten, der abends heimkommt und viele Wünsche nach Interesse und spannendem Spiel auf sich vereinigt, mit der Lautfolge »Papa« ab. Sie hat also die Affekte des Kindes in sich aufgenommen, verdichtet und auf den Repräsentanten »Papa« verschoben. Wenn das Kind nun in die Lage kommt, sich mit dem mütterlichen *Container* zu identifizieren, kann es die beiden Symbolisierungsschritte auch in sich selbst vollziehen, es wird dann auf den Anblick von Vaters Pfeife, also auch in seiner Abwesenheit mit einem erwartungvollen »Papa« reagieren. Das Kind ist dann in der Lage, kreativ über das Sprachsymbol die Abwesenheit des anderen zu bewältigen, wie Freud (1920g) es in der Beschreibung des Fort-Da-Spiels mit der Garnrolle beobachtete.

Diese Verinnerlichung der mütterlichen *Container*-Funktion ist für Bion (1959) in der Entwicklung des Denkens ein wichtiger Schritt. Das Wort »Papa« ist ein diskursives Symbol im Langerschen Sinne. Es erscheint nach einer großen Zahl präsentativer Vorgänger.

Ein schönes Beispiel dafür findet sich in der von Langer aufgegriffenen Biographie von Helen Keller, die ja im Alter von neunzehn Monaten taub und blind wurde und dadurch von den meisten präsentativen Symbolen länger als andere Menschen abgeschnitten war, wiewohl sie die Affektabstimmung gekannt haben dürfte.

Helen Keller erinnert sich an den erlösenden Sprung, den sie erlebte, als ihre Lehrerin, Ann Sullivan, ihr als achtjährigem Mädchen auf einem Spazier-

4 E. Krejci (persönl. Mitteilung) verdanke ich die Anregung, Piaget mit einzubeziehen. Für sie ist die Affektabstimmung durch Assimilation des mütterlichen Beitrags geprägt. Dies trifft sicherlich auch zu, entläßt uns aber nicht aus der Frage, wie und wo der Schritt vom ungestalteten sensomotorischen zum gestalteten seelischen Raum vollzogen wird. Dazu bedarf es der bedeutungsverleihenden Transformation.

gang durch die warme Sonne die Hand unter einen erfrischenden Wasserstrahl hielt und ihr die Buchstaben für Wasser in die andere Hand buchstabierte, ein zuvor oft geübtes Geschehen, das sich jedoch in diesem Moment für das Kind mit dem Begriff verband. Sie schreibt: »Plötzlich empfand ich ein nebelhaftes Bewußtsein wie von etwas Vergessenem – den Schauer eines wiederkehrenden Gedankens, und irgendwie offenbarte sich mir das Mysterium der Sprache. Da wußte ich auf einmal, daß W-a-s-s-e-r jenes wunderbare kühle Etwas meinte, welches mir über die Hand floß. Dieses lebendige Wort erweckte meine Seele, schenkte mir Licht, Hoffnung, Freude und machte sie frei ... Ich verließ das Brunnenhaus voller Lerneifer.« (zit. n. Langer, 1965, S. 71) Hanna Segal (1957) verweist ebenfalls auf diese Geschichte. Sie fügt an, daß Helen, bis dahin ein sorglos alles zerstörendes Kind, an diesem Tag um eine zerbrochene Puppe geweint hatte, daß also diesem »Symballein« ein Trauerprozeß vorausgegangen war.

Ich glaube, wir bekommen einmal mehr eine Vorstellung für das, was Freud mit der Vereinigung von Sach- und Wortvorstellung meint und was im hiesigen Zusammenhang das Ergriffene im Begriff genannt werden soll. Werden die *experienced emotions* dagegen nicht erworben, etabliert sich ein Defizit. Die Affekte können sich dann nur in Gestalt von Wiederholung vegetativer und sensomotorischer Signale ausdrücken. Wir erkennen hier die Urform des Wiederholungszwangs (Kinston u. Cohen, 1986). Dieser Umstand wird uns nun im klinischen Material weiter beschäftigen.

Die Anfänge der semiotischen Progression in der Therapie

Eine 29-jährige verheiratete Frau, Mutter von drei Kindern, suchte eine analytische Therapie aus Angst, ihren Kindern durch Wutausbrüche zu schaden, die, wie sie mitteilt, aus unangemessenen Kleinigkeiten entstünden. Außerdem fühlte sie sich ständig angespannt, hatte Nacken-, Schulter- und Kopfschmerzen und erlebte keine wirkliche Lebensfreude.

Frau A. wuchs bei einer immer wieder phasenweise psychotischen Mutter auf, der Vater war berufsbedingt oft abwesend. Seit der Kleinkindzeit wurde sie wiederholt massiv von der Mutter bedroht. Frau A. ist mittleres Kind, hat zwei Brüder, die von den Angriffen der Mutter weitgehend verschont blieben; Frau A. erlebte die Brüder als »ihre Kinder«, umsorgte und schützte sie. Ein sehr weit zurückreichendes Erinnerungsvermögen zeichnet sie aus: »Ich konnte schon immer denken.« Sie erinnert sich photographisch genau an Angriffe der Mutter, die völlig überraschend kamen und äußerst bedrohlich waren, hat dabei den »irren« Blick der Mutter deutlich vor Augen.

Frau A. gewöhnte sich daran, sehr aufmerksam Gefahren vorauszusehen, der Mutter Werkzeug oder Küchengerät zu reichen, wenn diese begann, es zu suchen. So milderte sie die Bedrohlichkeit ab. Sie sah die Bedürfnisse der Mutter praktisch voraus, schrieb sich die Verantwortung für das Wohl und

Wehe der Brüder und der Mutter zu. Solange sie zurückdenken kann, war sie Sündenbock, aber auch Vertraute der Mutter. Nach den Angriffen gab es immer wieder Szenen, in denen die Mutter sie beschwor, ihr zu glauben, wie sehr sie die Tochter liebe und brauche, und ihr versicherte, daß sie der wichtigste Mensch für sie sei. Der Vater stand alledem hilflos gegenüber, sah die Angriffe sogar teilweise mit an und beschwichtigte die Tochter, wenn sie sich hilfesuchend an ihn wandte, mit den Worten, daß die Mutter doch so eine schwere Kindheit gehabt habe. Trotz dessen Hilflosigkeit fühlte sich die Patientin von ihm geliebt und nährte eine heimliche Hoffnung in bezug auf ihn, auch wenn, oder gerade weil die Mutter ihn entwertete und sich über ihn beklagte.

Frau A. wählte einen helfenden Beruf, heiratete zu Ausbildungsbeginn und bekam drei Kinder. Das jüngste Kind, eine Tochter, entwuchs gerade dem Kleinkindalter, als Frau A. mit dem Wunsch nach Analyse zu mir kam. Sie hatte seit Verlassen des Elternhauses zum ersten Mal kein Kind auf dem Arm, begegnete dadurch verstärkt Autonomie-Phantasien, ihren eigenen, die von der Mutter bis aufs Messer bekämpft worden waren, und denen ihrer Kinder, die sie unvorhergesehen und für sie selbst völlig unverständlich bekämpfen mußte. Das Erschrecken darüber war tief und für sie ihr Hauptmotiv für eine analytische Klärung.

Vom Analysebeginn an erlebe ich eine enorm eloquente, gewandte, im Kontakt einnehmende (vereinnahmende!) Frau, ausgesprochen hübsch, apart ohne großen Aufwand. Sie denkt rasch, die Sprechweise ist überdeutlich, gut moduliert, fast durchgehend mit anklagendem Unterton.

Die Stunden sind angefüllt mit rastlosen Schilderungen ihrer Pflichten, der Bedürftigkeit ihrer Schutzbefohlenen, der Notwendigkeit, ständig für die Kinder zu sorgen. Besonders auffällig ist, daß die Beschreibungen der furchtbaren Angriffe der Mutter ohne jegliche emotionale Beteiligung vor sich gehen. Der Affekt ist der des Vorwurfs über die grundsätzliche Belastung durch die Fülle der Pflichten und das Fehlen jeglicher Hilfe. Dabei geht es um die Botschaft: Schau her, ich bin doch wirklich die gute Mutter, die sich für ihre Schützlinge plagt und alles opfert. Eine schambesetzte Wunschphantasie ist immer wieder, daß ich sie treffe und sehe, wie gut sie mit ihren Kindern klarkommt. Dabei ist die Übertragungsbotschaft die, daß sie alles allein kann und auch tun muß. Denn wenn sie mich als Mutter bräuchte, würde ich für sie mörderisch gefährlich. Sie hält mich auf Abstand, auch von mir fehlt jegliche Hilfe. Sie gönnt sich kaum Ruhe, in Arbeitsstelle und Haushalt ist sie rund um die Uhr im Einsatz. Ich fühle mich nach solchen Stunden erschlagen von der Materialfülle, belastet, niedergedrückt, habe das Gefühl, daß sie meine Gegenwart nur als Garantie für ihre Tüchtigkeit und Zähigkeit braucht. Ich soll da sein und staunend anerkennen, mehr nicht. Dieser Achtungsabstand scheint ihre Perfektion zu sichern. Ich komme nicht an sie heran, ja fühle mich über lange Zeit völlig kaltgestellt.

Die überaktiven Stunden (»Größenselbst-Stunden«) mit Schilderungen ihrer mütterlichen Einsatzbereitschaft wechseln ab mit »Projektionsstunden«, in denen sie beklagt, wie unsäglich schwach, träge, beziehungs- und entscheidungsunfähig ihr Ehemann ist und wie wenig sie durch ihn entlastet wird. Auch dies gilt in der Übertragung mir, ohne daß ich einen Weg für eine Deutung finde. Alle meine Deutungsversuche beantwortet sie mit noch rastloserer Beschreibung ihrer Pflichten für ihre Schutzbefohlenen und der häuslichen Probleme, die sie meistern muß: Sie behilft sich monatelang in einer halbfertig renovierten Wohnung, bewirtet Gäste, die ihr Mann mitbringt, richtet Kindergeburtstage aus und kommt ihrer Arbeit so gut nach, daß ihr Chef ihr die Beförderung förmlich aufdrängt. Alles ist auf äußerste Wachsamkeit ausgerichtet. Ich sehe deutlich, wie sie mir Schere, Löffel und Besen reicht, um mir meine Bedrohlichkeit zu nehmen, bekomme eine Ahnung, wie bedrohlich sie mich dennoch erleben muß.

Ihr Denken, ihre gesamte Kommunikation sind sehr abstrakt und funktional, da ist wenig Tiefe. Es kommt mir vor, als trage sie einen dichten Mantel, eine geschlossene narzißtische Hülle aus panisch rauschhafter Pflichterfüllung, die ab und zu ein Loch bekommt, das so schnell wie möglich in der Stunde wieder verschlossen wird. Als eine spontane Visualisierung dieses Zustandes erscheint mir das »Käferkleid« von Jan Fabre (»Mur de la Montee des Anges«, 1993), in welchem der Künstler eine Unzahl von Käfern zu einem Kleid montiert, das durch seine chitingepanzerte Starre erschreckt und zugleich durch seine flirrende Bewegung äußerst beunruhigt.[5]

Ich bleibe über lange Zeit für sie eine reine Projektionsfigur. Zwischen den Stunden kann ich mir einen viel lebendigeren Umgang mit ihr vorstellen. Ich fühle mich durch die dichte Wolke von Worten von ihr getrennt und gelähmt. Wenn ich versuche, zu ihr vorzudringen, werde ich im Handumdrehen für sie zu einer verfolgenden Mutterfigur. Zwar klagt sie immer wieder ein, ich enthielte ihr vor, was ich längst über sie wisse, bräuchte ihr nur das Richtige zu sagen. Ich halte dagegen: »Sie machen sich Sorgen, daß ich Ihnen nicht die Zeit gebe, die Sie brauchen, um herauszufinden, was sie bedrückt und so verzweifelt kämpfen läßt.« Die allwissende Verfolgerin wird dadurch nicht beseitigt. Zugleich wird deutlich, wie wichtig es für Frau A. ist, daß ich das mütterliche Introjekt, das sie in mich projiziert hat, auch wirklich behalte.

Wie sehr sie fürchtet, der verfolgenden Mutter in sich selbst zu begegnen, wird mir klar, als sie in den Osterferien von dem Impuls überrascht wird, ihre kleine Tochter mit einem Ski zu erschlagen. Sie kommt wie versteinert in die Stunde. Allzu deutlich ist das mütterliche Introjekt in ihr sichtbar gewor-

5 Möglicherweise bringt Fabre die manische Abwehr im Titel vom Aufstieg der (gepanzerten) Engel zum Ausdruck, der zu dem bekannten Gedanken vom Sturz der »gefallenen« Engel kontrastiert.

den. »Wenn ich ihre Züge wirklich habe, bringe ich mich um.« Mir bleibt nur zu halten, auszuhalten und ganz vorsichtig ihre Anspannung zu benennen. Immerhin kann sie daraufhin ihre Arbeitsbelastung etwas erleichtern, ihre Stelle reduzieren. Sie erinnert sich an Zeiten, als sie als kleines Mädchen mit Vorliebe unscharf sah, indem sie lange nicht blinzelte – sie, der Wachsamkeit über alles gehen muß.

Über viele Wochen und Monate beherrscht der Muskeltonus sie total. Sie leidet so sehr unter Muskelverspannungen im Nacken und unter Schulterschmerzen, daß sie kaum schläft. Vor den Sommerferien erzählt sie, daß sie diese Form der Nacken- und Schulterschmerzen seit ihrem dreizehnten Lebensjahr habe. Ab und zu hat sie die Mutter gebeten, ihr den Nacken zu massieren. Die tat es dann, das Gesicht dabei widerwillig zur Seite gewandt. Meine Deutung, daß sie sich sehr wünsche, ich solle sie anschauen, gleitet an ihr ab. Ich darf sie offenbar nicht erreichen, dies wäre einerseits gefährlich verführerisch im Sinne der Aktivierung abgewehrter Wünsche, andererseits wäre es bedrohlich: Der »irre Blick« der Mutter könnt gerade dann aus meinen Augen springen.

Mit einer starken Anspannung trennen wir uns zu Ferienbeginn, sie muskulär verspannt, ich besorgt gespannt. Ich entdeckte bei mir die Phantasie einer Tigerin hinter festen Gitterstäben eines Käfigs. Dabei geht es bei genauem Hinsehen darum, daß wir abwechselnd hinter den Gitterstäben auf und ab wandern: Sie in der starken Anspannung ihrer *occuring emotions*, gezwungen, jede Regung außerhalb ihrer Person und in sich selbst zu kontrollieren (neben der omnipotenten Kontrolle befindet sie sich in reiner Kampf-Flucht-Bereitstellungsposition. Dabei fehlt ihr noch völlig der Zugang zu der Vernichtungsangst dem mörderischen Introjekt gegenüber). Ich hinter den Gitterstäben ausgesperrt, ferngehalten, der Verbindung beraubt, in die Zuschauerposition abgestellt, mit dem Affekt ratloser Wut in Passivität gebannt. Wie sollte ich sie erreichen, wie mit ihr in eine emotionale Erfahrung gelangen?

In den Ferien hatte ich ein Erlebnis, bei dem mir die Patientin sehr präsent war: Auf einer Schiffsreise mit einem kleinen Postschiff wurde ich auf einem Nordmeerabschnitt mit dem Beinamen »des Teufels Tanzplatz« fürchterlich seekrank. Mitten in dem aufgewühlten Geschehen bemerkte ich, wie ich gegen die heftigen Schaukelbewegungen des Schiffs mit einem Hartspann der Schulter- und Nackenregion anhielt, was zunehmend weh tat. Genau in diesem Augenblick fiel mir Frau A. und ihr Zustand ein. Dann entdeckte ich die wunderbare Möglichkeit, mich dem Schaukeln anzuvertrauen, ohne dagegen anzuspannen. Die Übelkeit wurde prompt weniger. Wie gut es wäre, ihr so etwas zu vermitteln, dachte ich.

Als meine Ferien zu Ende sind und sie schon wieder vierzehn Tage gearbeitet hat, ist ihr Zustand ärger denn je, sie leidet nun auch unter einer lästigen Übelkeit, schläft wegen der Nacken- und Schulterschmerzen kaum. In einer Stunde, als sie gerade wieder mit einem Gewehrfeuer an Tüchtigkeit loslegt, fällt mir das Schiffserlebnis wieder ein und ich lehne mich ganz entspannt zurück – ich glaube, ich hatte die Augen für einen Moment geschlossen, bestimmt tiefer geatmet. Sie schweigt, entspannt sich ebenfalls etwas, sagt: »Sie kennen das ja – ich komme da immer wieder rein.« Dann fällt ihr ein, wie sie ihrer kleinen Tochter abends den Rücken krault, weil die das so mag. »Ich drehe nicht das Gesicht weg. Der kleine Rücken ist so rührend.« Einige Minuten dichten Schweigens, ich mache wohl eine Bewegung auf sie zu, sie beginnt zu weinen.

Ich realisiere, wie ich gerade die Melodie eines Wiegenliedes im Sinn habe, als sie überlegt, daß sie sich vom Hausarzt mal eine Woche krankschreiben lassen möchte: »Es geht so nicht weiter.« Aus der Woche werden vierzehn Tage, sie kann sich vom Mann versorgen lassen. Sie träumt in dieser Zeit, was selten vorkommt. Als sie dann einen Traum erzählen will, leitet sie ihn mit der Bemerkung ein: »Das Erstaunliche an diesem Traum ist, daß mitten beim Träumen die Schulterschmerzen nachgelassen haben und ich das im Traum gemerkt habe.« Dann erzählt sie, sie habe geträumt: »Ich wohne mit P. (ihrem Mann) zusammen. Eines Tages bringt er eine andere Frau ins Haus. Es ist eine schwarze Krähe, kleiner, hat einen leicht gelblichen Schnabel. Diese Krähe lebt mit uns – ich werde stumm. Nach vielen Jahren, ich weiß nicht wieso, packe ich diese Krähe am Nacken und werfe sie hinaus. Ich höre das Aufticken auf dem Boden. Dann kommt sie wieder zur Tür herein.«

Ganz allmählich finden wir jetzt zu einer Arbeit auf der Übertragungsebene, an den inneren Objekten, auf der symbolisierten Ebene – jedenfalls zu einem vorsichtigen Beginn einer solchen Arbeit.

Fall-Diskussion

Die Schwierigkeit in dieser Analyse bestand zunächst darin, daß Frau A. kaum Zugang zu passiven Wünschen wie »versorgt werden« hatte. Zwar gab es eine innere Vorstellung für die Fürsorge für andere, die ganz von Wachsamkeit und Aktivität im Sinne von Übernahme von Verantwortung für andere bestimmt war. Eine Verbindung mit einem Wunsch nach Fürsorge für sie selbst wurde ständig aktiv bekämpft (Bion, 1967).

Dies wurde für sie problematischer in dem Maße, in dem die Kinder eigenständiger wurden. Solange sie ein Kleinkind trug, war die Einheit in der adhäsiven Identifikation ein Schutz (Meltzer, 1975, 1988). Urplötzlich spürte sie nun in dem Impuls zuzuschlagen, das Motiv, das Eigenständige im Gegenüber beseitigen zu müssen, und daß sie hierin unbewußt ihrem Mutter-Introjekt gehorcht. Das Entsetzen über solche Impulse hatte sie in die Analyse gebracht.

Frau A. hatte kaum Zugang zu ihrem Affekterleben. Sie registrierte dies selbst beim Erzählen ihrer traumatischen Erlebnisse mit der Mutter: »Ich sehe das vor mir, aber ich fühle es nicht.« Sie bestand am Beginn der Behandlung aus lauter Wachsamkeit, die mit einer Daueranspannung ihrer Rücken und Nackenmuskeln und einer chronischen Schlafstörung einherging. Der chronische sensomotorische Wachsamkeitsaffekt geschah ihr einfach (*occuring emotion*); er konnte nicht in ein erlebbares Gefühl überführt werden, existierte in Gestalt chronischer Schmerzen.

Ich nehme an, daß ihre Affektäußerungen im ersten Halbjahr bei der Mutter Erstarrung auslösten. Diese »curarisierte« die weitere Gefühlsentwicklung, eine Affektabstimmung dürfte es kaum gegeben haben. Eine Wolke von Beta-Elementen, nach den Angriffen durch die Mutter von bizarren Objekten (Bion) fand keinen *Container*, sondern dienten in Gestalt von Muskelanspannung und Wachsamkeit einem Reparationsversuch (vgl. meine Reaktion auf das »Käferkleid«).

Eine infantile Amnesie konnte sie praktisch nicht entwickeln. In der Entwicklung ihres Denkens herrschte pure Begrifflichkeit vor. Das Ergriffene oder unmittelbar Erlebte fehlte ganz.[6] Sie hat kein *Containing* verinnerlichen können. Ihre einzige Möglichkeit war, in ganz frühreifes unsymbolisiertes Denken zu flüchten – in Wortvorstellungen ohne Sachvorstellungen mit der in diesem Fall verständlichen Fehlkonzeption (Money-Kyrle, 1968), daß ein Nachlassen der Wachsamkeit tödlich sei.

Das Umsetzen meiner Gegenübertragungsgefühle nach jenem Reiseerlebnis auf dem »Tanzplatz des Teufels« brachte eine gewisse Wende: Es kam zu einem semiotisch progressiv wirkenden Affektabstimmungserlebnis, das sich seither in abgewandelter Form noch etliche Male wiederholt hat, das aber in seiner markanten Art damals, am Ende des dritten Analysejahres, seinen Anfang hatte. Mir war die (er-)lösende Wirkung passiver Phantasien (geschaukelt werden) plötzlich zusammen mit der Patientin vor Augen (nachdem die Phantasie auf der Reise ebenso rasch wieder verschwand, wie sie aufgetaucht war). Eine gewisse Integration (im Sinne des Verdauens und Entgiftens der Affekte, wie Bion es beschreibt) der teuflischen Aggression des Nordmeeres wurde mir verfügbar, ein Containing von Beta-Elementen der Muskelanspannung und eine Transformation in passives sich Hingeben. Insofern konnte ich für einen Moment auf der Reise von der Erfahrung mit meiner Patientin profitieren, indem ich den Wunsch nach Passivität und Hingabe leichter als sie zulassen konnte. Die Phantasie von Entspannung hatte sie im Wunsch an die Mutter nach Berührung bereits artikuliert – mir fiel zu, die »Abwesenheit des guten Objekts zu denken«. Der »Tanzplatz des Teufels« ist ein zufälliges, aber umso treffenderes Bild für die Heftigkeit der Affekte.

6 Freud (1915e) arbeitet heraus, daß die Überbetonung der Wortvorstellungen bei Schizophrenen ein Heilungsversuch sei unter Vernachlässigung der unbewußten Sachvorstellungen. Dies könnte auch bei Frau A. gelten, deren Denkstruktur auf eine vorzeitige Entwicklung des Bewußtseins (Bion, 1959) schließen läßt.

Nach der Reise beim Wiedereintauchen in den Wiederholungszwang ihrer unsymbolisierten Affektivität auf der Höhe ihres Wachsamkeitsaffektes war mir mein Wunsch nach Passivität wieder präsent. Die in mir entstehende Metapher »Wiegenlied« war eine Verdichtung von lösenden Phantasien, Transformation der Tanzbewegungen des Teufels. Diese Metapher konnte durch vielgestaltige Vorbereitungen in die Intersubjektivität der Analyse kommen; dabei spielte nicht allein mein vertieftes Atmen und Entspannen, sondern auch ihre Erinnerung an viele Stunden des vorsichtigen Gehalten-Werdens in der Analyse eine Rolle. Die Metapher wurde auf den Wunsch nach Ergriffen-, Gehalten- und Versorgt-Werden durch einen Vater verschoben, der trotz seiner Unzulänglichkeit in der Realität als gutes Introjekt überlebte. Die Idee der Krankschreibung und Versorgung durch den Partner konnten so verstanden werden.

Das Nachlassen der Schulterschmerzen beim Träumen läßt ebenfalls die Elemente der semiotisch progressiven Verdichtung und Verschiebung erkennen: Überwachsamkeit in Gestalt von ständiger Muskelanspannung und abstraktem Überbetonen der Worte können durch Ergriffenheit, Berührung gemildert werden, ein Wunsch, der sich zum Wunsch nach *Containing* verdichtet. Er kann auf den Traumgedanken verschoben werden, mit einem Mann (Vaterfigur) zu leben. Aus der zweidimensionalen Formation: »Ich bin pure Wachsamkeit« entsteht die semiotische Triade: »Ich sehe Fürsorge für mich durch den Vater.«

Das Dreieck im Traum: Frau A. – Mann – Krähe könnte ebenfalls als Verdichtung des Wunsches nach einem *Containing* gelesen werden. Das dritte Objekt läuft allerdings immer Gefahr, zu einem Verfolger zu werden. Die *Analy-tik-erin* tickt beim Versuch, sie aggressiv zu beseitigen, auf dem Boden auf, kommt dann wieder, ein Konkretismus, wie Frau A. viele bereithält. Er hat eine abstrakte Bedeutung, ist zugleich aber auch ein prognostisch günstiges Zeichen, daß die Analytikerin überlebt, auch wenn in stummen Zeiten die »Zeitbombe tickt«, aus der ein Gewaltakt entstehen könnte. Und allmählich wird deutlich, daß die Couch zum Tanzplatz des Teufels werden muß, daß Wut und Vernichtungsangst in den Begriff finden müssen. Vom unsymbolisierten puren Muskelhartspann, Wachsamkeit und gnadenloser Pflichterfüllung bis zur Begegnung auf der Deutungsebene – ein weiter Weg semiotischer Progression, bei dem Affektabstimmung hilfreich ist. Daß der menschliche Drang zur semiotischen Progression, zum Fortschreiten im Gebrauch von Zeichen ein wesentlicher Entwicklungsstimulus ist, wird von Bion besonders durch die Einführung des Affektes K (Knowledge, die Neugier auf intuitives Erfahrungswissen) neben den beiden großen Affektgruppen Liebe (L) und Hass (H) betont (vgl. Haas, 1997).

Zusammenfassung

Die Diskussion des Symbolisierungsprozesses wird in der vorliegenden Arbeit in den Rahmen der semiotischen Progression gestellt, den fortschreitenden Zeichengebrauch. Durch Vergleiche verschiedener Modellvorstellungen zur psychischen Entwicklung gewinnt das Paradigma der semiotischen Progression an interdiszipinärer Beweglichkeit und plastischer Aussagekraft. Auf den Entwicklungsschritt der Affektabstimmung aus der Säuglingsforschung fokussiert, ergibt das Wechseln innerhalb verschiedener Modelle von Entwicklungsvorstellungen (Krause, Stern, Bion, Lacan) die Möglichkeit, den Prozeß der Symbolisierung und den der Entwicklung der Symbolisierungs-Vorläufer aus unterschiedlichen Blickwinkeln verständlicher und für die psychoanalytische Praxis verwendbarer zu machen. Die Affektabstimmung der Säuglingsbeobachter ist geeignet, Bions Transformationstheorie der Emotionen von der empirischen Seite zu beleuchten.

Summary

In this paper the discussion of the process of symbolization is brought into the frame of semiotic progression, the progressive use of signs. In the comparison between different models of psychic development the paradigm of semiotic progression gains interdisciplinary mobility and provides more evidence. Focussing on the development of affect attunement taken from infant studies the change of different developmental models (Krause, Stern, Bion, Lacan) offers the opportunity to clarify the process of symbolization from various viewpoints and to make it more useful to psychoanalytic practice. Affect attunement taken from infant studies is useful to elucidate Bions transformation-theory of emotions from the empirical point of view.

Literatur

Bion, W. R. (1959): Eine Theorie des Denkens. In: Bott-Spillius, E. (Hrsg.): *Melanie Klein Heute*, Band 1, München/Wien: Intl. Psychoanal., 1990, 225-235

– (1962): *Lernen durch Erfahrung*. Frankfurt am Main: Suhrkamp, 1990

– (1967): *Angriffe auf Verbindungen*. In: Bott-Spillius, E. (Hrsg.): *Melanie Klein Heute*. Bd. 1, München/Wien: Intl. Psychoanal., 1990, 110-129

– (1977): *Two Papers. The Grid and Caesura*. London: Karnac, 1989

Böhme-Bloem, C. u. Trempler, V. (1995): *Dreh- und Angelpunkte zwischen Psyche und Soma – Brücken und Brüche im Symbolisierungsprozeß*. Vortrag, gehalten auf dem Symposium des John-Rittmeister-Instituts Kiel. Unveröff. Manuskript

Cassirer, E. (1922): *Wesen und Wirkung des Symbolbegriffs*. Darmstadt: Wiss. Buchges., 1994

Ciompi, L. (1997): *Die emotionalen Grundlagen des Denkens. Entwurf einer fraktalen Affektlogik*. Göttingen: Vandenhoeck & Ruprecht

Daser, E. (1998): Interaktion, Symbolbildung und Deutung. Zur triadischen Struktur der Erkenntnis. *Forum Psychoanal.*, 14, 225-240

DeCasper, A. u. Spence, M. (1986): Prenatal maternal speech influences newborn's perception of speech sounds. *Infant Behav. and Developm.* 9, 133-150
Deneke, F. W. (1999): *Psychische Struktur und Gehirn. Die Gestalung subjektiver Wirklichkeiten.* Stuttgart/New York: Schattauer
Ekman, P. (1988): *Gesichtsausdruck und Gefühl, 20 Jahre Forschung von Paul Ekman.* Paderborn: Junfernmann
Fink, K. (1994): Matte Blancos Symmetrie und Bilogik. *Z. Psychoanal. Theor. Prax.*, 9, 427-438
Freud, S. (1900a): *Die Traumdeutung.* GW, 2/3.
– (1901b): *Zur Psychopathologie des Alltagslebens.* GW, 4.
– (1911b): Formulierungen über zwei Prinzipien psychischen Geschehens. GW, 8, 230-238
– (1915d): Die Verdrängung. GW, 10, 248-261
– (1915e): Das Unbewußte. GW, 10, 263-304
– (1920g): Jenseits des Lustprinzips. GW, 13, 1-69
Gutwinski-Jeggle, J. (1995) : Das Körper-Ich als Kommunikationsmittel. In: *Vom Gebrauch der Psychoanalyse heute und morgen.* Holm-Hadulla, R. (Hrsg.) Tagungsband der DPV Frühjahrstagung
Haas, J.-P. (1997): Bions Beitrag zu einer psychoanalytischen Theorie der Emotionen. In: *Jahrb. Psychoanal.*, 38, Stuttgart: Frommann-Holzboog, 137-193
Kinston, W. u. Cohen, J. (1986): Primal Repression: Clinical and theoretical aspects. *Int. J. Psychoanal.*, 67, 337-355
Klein, M. (1930): Die Bedeutung der Symbolbildung für die Ichentwicklung. *Psyche – Z. Psychoanal.*, 14, 242-255
Krause, R. (1988): Eine Taxonomie der Affekte und ihre Anwendung auf das Verständnis der »frühen« Störungen. *Psychosom., Psychother., Med. Psychol.*, 38, 77-86
– (1996): Über Gefühle – eine Einführung. *Zschr. psychosom. Med.*, 42, 195-204
–, Steimer-Krause, E. u. Ulrich, B. (1992): Anwendung der Affektforschung auf die psychoanalytisch- psychotherapeutische Praxis. *Forum Psychoanal.*, 8, 238-253
Künzler, E. (2000): *»Das Ich« oder »eine Person«. Die Vertreibung aus der Gewißheit psychoanalytischer Theorien.* Vortrag DPV-Frühjahrstagung, München
Lacan, J. (1953): Funktion und Feld des Sprechens und der Sprache in der Psychoanalyse. In: *Schriften I.* Olten:Walter, 1973
Langer, S. (1942): *Philosophie auf neuem Wege. Das Symbol im Denken, im Ritus und in der Kunst.* Frankfurt am Main: Fischer, 1965
Loch, W. (1999): *Die Krankheitslehre der Psychoanalyse.* Hrsg. H. Hinz. 6., vollst. überarb. u. erw. Aufl., Stuttgart/Leipzig: Hirzel
Meltzer, D. (1975): *Explorations in Autism.* Perthshire: Clunie Press
– (1988): *Traumleben. Eine Überprüfung der psychoanalytischen Theorie und Technik.* München/Wien: Intl. Psychoanalyse
Money-Kyrle, R. (1968): Cognitive development. In: *Collected Papers of Roger Money-Kyrle.* Perthshire: Clunie Press, 1978
Morris, C. (1975): Sprechen und menschliches Handeln. In: *Neue Anthropologie.* Bd. 7. Hrsg. Gadamer, H.-G. u. Vogler, P. Stuttgart: Thieme, 235-251
Moser, U. u. v. Zeppelin, I. (1996): Die Entwicklung des Affektsystems. *Psyche – Z. Psychoanal.*, 50, 32-84
Ogden, Th. H. (1995): *Frühe Formen des Erlebens.* Wien/New York: Springer
Orban, P. (1976): Über den Prozeß der Symbolbildung. In: *Die Psychologie des 20. Jahrhunderts*, Bd. 2, Zürich: Kindler, 527-563

Piaget, J. (1959): Das Erwachen der Intelligenz beim Kinde. *Studienausgabe*, Bd. 1. Stuttgart: Klett, 1975

Plassmann, R. (1993): Organwelten: Grundriß einer analytischen Körperpsychologie. *Psyche – Z. Psychoanal.*, 47, 261-282

Schmid Noerr, G. (2000): Symbolik des latenten Sinns. Zur psychoanalytischen Symboltheorie nach Lorenzer. *Psyche – Z. Psychoanal.*, 54, 454-482

Segal, H. (1957): Bemerkungen zur Symbolbildung. In: Bott Spillius, E.: *Melanie Klein heute*. Bd. 1. München/Wien: Intl. Psychoanal., 202-224

– (1996): *Traum, Phantasie und Kunst*. Stuttgart: Klett-Cotta

– (1992): Die Funktion des Traums. In: *Wahnvorstellungen und künstlerische Kreativität*. Stuttgart: Klett-Cotta

Stern, D. (1992): *Die Lebenserfahrung des Säuglings*. München: Urban u. Schwarzenberg

Uexküll, v. J. (1973): *Theoretische Biologie*. Frankfurt am Main: Fischer

Uexküll, Th. et al. (Hrsg.) (1986): *Psychosomatische Medizin*. München: Urban u. Schwarzenberg

Uexküll, Th. u. Wesiack, W. (1991): *Theorie der Humanmedizin*. München/Wien: Urban u. Schwarzenberg

Uexküll, Th., Krejci, E. u. Dornberg, M. (1996): Der Säugling und das Phantasieren. Zu Martin Dornes' »Können Säuglinge phantasieren?« *Psyche – Z. Psychoanal.*, 50, 1019-35

Weiß, H. u. Pagel, G. (1986): Übergangsphänomene und symbolische Ordnung. Winnicott – Lacan. *JB Psa.*, Stuttgart: Frommann-Holzboog, 42-76

Winnicott, D.W. (1953): Übergangsobjekte und Übergangsphänomene. *Psyche – Z. Psychoanal.*, 23, 1969, 666-682

Adresse der Autorin:
Dr. Christel Böhme-Bloem, Rüsterstraße 8, D – 24146 Kiel
christel.boehme-bloem@dpv-mail.de

Siegfried Zepf, Judith Zepf, Sebastian Hartmann (Saarbrücken)

Agieren, Symptom- und Ersatzhandlungen
Versuch einer konzeptuellen Klärung*

Acting out, symptomatic and substitutive actions
Toward a conceptual clarification

Wie andere psychoanalytische Begriffe ist auch das Konzept des »Agierens« in der Psychoanalyse nicht präzise und konsensfähig definiert. Zwar steht Agieren im Zusammenhang mit der Übertragungsneurose, zugleich wird dieser Begriff aber auch auf ganz unterschiedliche Phänomene – wie delinquentes Verhalten, Sucht, schwere Charakterneurosen, sexuelle Perversionen, gelegentliches irrationales Verhalten – bezogen (Übersichten bei Rexford, 1978; Roughton, 1996). Die Folge dieser Ausdehnung war, wie Calef die Diskussion auf dem 1967 abgehaltenen Symposium *Acting out and its role in the psychoanalytic process* zusammengefaßt hat, daß »wir uns nicht auf eine klinische Beschreibung des Diskussionsgegenstandes einigen konnten, so daß es auch nicht klar werden konnte, welche metapsychologischen Formulierungen das Agieren umfassen und erklären« (Calef, H. 1968, S. 225, Übers. die Verf.; s. auch A. Freud, 1968; Rangell, 1968). Die uneinheitliche Verwendung dieses Begriffs war zuvor schon von Beres (1965) kritisiert worden ebenso wie in den nachfolgenden Jahren von Loewald (1971), Roughton (1993), Sandler (1970), Sandler et al. (1996, S. 153-166) und Stein (1973).

Wir schließen uns der Forderung von Blos an, der zehn Jahre nach Calef dessen Feststellung in anderen Worten wiederholt: »[D]as Konzept des Agierens ist mit Bezügen und Bedeutungen überfrachtet [...] und bedarf weiterer Klärung.« (Blos, 1978, S. 163, Übers. die Verf.) Dies betrifft zunächst die Fragen, ob und, wenn ja, wie sich Agieren von Symptom- und Ersatzhandlungen unterscheiden läßt, worin das Agieren gründet und wie die Beziehung von Agieren und *enactments* beschaffen ist. Für eine weitere Klärung wollen wir mit den Auffassungen Freuds beginnen.

Agieren, Symptom- und Ersatzhandlungen

Der Begriff des Agierens erscheint bei Freud 1905. Er berichtet von seiner Patientin Dora, welche die Analyse abgebrochen hatte, und begründet diesen Abbruch in einem »Nachwort« so: Weil »ich sie an Herrn K. erinnerte, rächte sie sich an mir, wie sie sich an Herrn K. rächen wollte, und verließ mich, wie sie sich von ihm getäuscht und verlassen glaubte. Sie *agierte* so ein we-

* Bei der Redaktion eingegangen am 15.6.2002.

sentliches Stück ihrer Erinnerungen und Phantasien, anstatt sie in der Kur [als Erinnerungen] zu reproduzieren« (1905e, S. 285). Neun Jahre später wird Agieren ebenfalls auf Handeln bezogen und als eine Form des Erinnerns aufgefaßt:

Der Analysierte erzählt nicht, er erinnere sich, daß er trotzig und ungläubig gegen die Autorität seiner Eltern gewesen sei, sondern er benimmt sich in solcher Weise gegen den Arzt. Er erinnert nicht, daß er in seiner infantilen Sexualforschung rat- und hilflos stekken geblieben ist, sondern er bringt einen Haufen verworrener Träume und Einfälle, jammert, daß ihm nichts gelinge, und stellt es als sein Schicksal hin, niemals eine Unternehmung zu Ende zu führen. Er erinnert nicht, daß er sich gewisser Sexualbetätigungen intensiv geschämt und ihre Entdeckung gefürchtet hat, sondern er zeigt, daß er sich der Behandlung schämt, der er sich jetzt unterzogen hat, und auch diese sucht er vor allen geheim zu halten usw. Vor allem beginnt er die Kur mit einer solchen Wiederholung [...]. Er schweigt und behauptet, daß ihm nichts einfallen will. Das ist natürlich nichts anderes als die Wiederholung einer homosexuellen Einstellung [...] (Freud, 1914g, S. 129f.).

In diesem Beispiel teilt der Analysand zwar seine Einfälle mit, agiert aber insofern, als er sich bei seinem Sprechen in bestimmter Weise inszeniert. Loewald (1975, S. 294) nennt dieses Agieren »action in speech«. Es bezieht sich auf die verborgenen Inhalte, welche der Analysand durch Art und Weise des Verhaltens mitteilt, wenn er spricht: Die Inszenierung »ist seine Art zu erinnern«, stellt Freud (1914g, S. 129f.; S. auch 1912b, S. 374) fest, denn auch in dieser Form »reproduziert« der Analysand das Vergangene »nicht als Erinnerung [...], sondern er *agiert* es [...], er *wiederholt* es, ohne natürlich zu wissen, daß er es wiederholt«.

Boesky glaubt, aus diesen Aussagen den Schluß ziehen zu können, daß Freud in seinen Formulierungen von 1914 die Ansicht vertritt, »daß die gesamte Übertragung ein Agieren ist« (Boesky, 1982, S. 39, Übers. die Verf.; desgl. auch Erard, 1983, S. 66 und Katz, 1998, S. 1130). Er übersieht dabei, daß Freud bereits 1905 »Übertragungen« als »Neuauflagen, Nachbildungen von *Regungen und Phantasien*« definiert, die »mit einer [...] charakteristischen Ersetzung einer früheren Person durch die Person des Arztes« einhergehen (1905e, S. 279, Kursiv. die Verf.), und 1912 Übertragung und Agieren keineswegs gleichsetzt, sondern von auf den Arzt bezogenen »Übertragungs*idee[n]*«, »*Gefühlsregungen*« und vom »Agieren*wollen*« als Übertragungsphänomenen spricht (1912b, S. 369, S. 374, Kursiv. die Verf.). Genau dieser Unterscheidung trägt Fenichel (1945b, S. 340f.) mit seiner Auffassung Rechnung, daß »›Ausagieren‹ kein bloßes Fühlen oder Denken [...], sondern ein Handeln [ist]«, daß die Entwicklung von »Gefühle[n] [...] dem Analytiker gegenüber«, welche ein Analysand »einmal seinem Vater gegenüber empfunden hat«, nicht als »›Ausagieren‹« bezeichnet werden kann. Boeskys Anmerkung, daß Fenichel »Freuds Definition des Agieren genau umgekehrt«, ist somit nicht haltbar (Boesky, 1982, S. 40, Übers. die Verf.; s. auch Erard, 1983, S. 66).

Agierende Wiederholungen können auch außerhalb der Analyse stattfinden – »Wir müssen [...] darauf gefaßt sein, daß der Analysierte sich dem Zwang zur Wiederholung, der nun den Impuls zur Erinnerung ersetzt, nicht nur im persönlichen Verhältnis zum Arzt hingibt, sondern auch in allen anderen gleichartigen Tätigkeiten und Beziehungen seines Lebens [...]« (Freud, 1914g, S. 130) – und werden mit der Formulierung, daß der Analysand auf diese »voreiligen Ersatzbefriedigungen«, zu denen er aufgrund der Erschütterung des Status quo seiner Neurose durch die Analyse neigt, verzichten soll (1919a, S. 189), zur analytischen Situation in Beziehung gesetzt. Freud (1940a, S. 103) hält es jedenfalls für »sehr unerwünscht, wenn der Patient außerhalb der Übertragung *agiert* anstatt zu erinnern; das für unsere Zwecke ideale Verhalten wäre, wenn er [...] seine abnormen Reaktionen nur in der Übertragung äußerte«.

Diese situative Verschiedenheit des Agierens wurde später terminologisch in *acting in* und *acting out* differenziert. Als *acting in* wird ein Agieren innerhalb und als *acting out*[1] das Agieren außerhalb der analytischen Situation bezeichnet (Ekstein & Friedman, 1957; Paniagua, 1991; Rosen, 1965; Zeligs, 1957). *Acting in* wäre es etwa, wenn ein Analysand die historischen Determinanten seiner triebbestimmten Wünsche, die er auf den Analytiker übertragen hat, nicht in sprachlich mystifizierter Form erinnert, sondern mit ihm in der analytischen Situation im Handeln zu verwirklichen sucht oder verwirklicht, *acting out* wäre es, wenn ein Analysand diese unbewußten, an den Analytiker adressierten Wünsche außerhalb der Analyse mit einer anderen Person zu realisieren sucht oder realisiert. Beide Formen des Agierens stehen in Beziehung zur Übertragungsneurose und zum Widerstand. Da beim *acting in* das Abgewehrte bloß im Handeln dargestellt und nicht als Erinnerung bewußt und sprachlich reproduziert wird, ist es insofern als Widerstand anzusehen, als es sich gegen das Erinnern richtet. Das *acting out* wiederum gilt als Widerstand, weil es dazu verhilft, die verpönten Triebwünsche und die dazugehörigen Affekte abzuwehren, und dafür sorgt, daß sie außerhalb der analytischen Situation bleiben und nicht als ein *acting in* in der Übertragung erscheinen (Greenson, 1967, S. 277). Boesky (1982) illustriert dieses Agieren am Beispiel eines männlichen Analysanden, der mit Angst auf seine homosexuellen Übertragungsphantasien reagierte und eine heftige heterosexuelle Beziehung außerhalb der Analyse entwickelte, weil sein Abwehrbedürfnis den Beweis forderte, daß die falsche Realität wahr war. Auf diese Weise konnte er seine homosexuellen Übertragungsgefühle besser verleugnen.

Agieren ist demnach ein Begriff, der auf Erinnern in Form von Ersatz-

1 Der Begriff *acting out* wurde vermutlich erstmals von Glover (1924) verwendet. Dem Inhalt nach findet sich die Unterscheidung von *acting out* und *acting in* erstmals bei Fenichel (1945b) und Greenacre (1950).

handlungen verweist, auf die Realisierung von bewußtseinsfähigen Ersatzvorstellungen des Verdrängten in und außerhalb der analytischen Situation. Dadurch scheint sich Agieren von Symptomhandlungen, die Freud am Beispiel einer Handlung Doras erläutert, zu unterscheiden. Dora hatte sich »ein Portemonnaietäschchen [...] umgehängt und spielte damit, während sie im Liegen sprach, indem sie es öffnete, einen Finger hineinsteckte, es wieder schloß, usw.« (1905e, S. 238f.). Als Freud sie auf diese Handlung aufmerksam machte, meinte Dora: »›Warum soll ich nicht ein solches Täschchen tragen, wie es jetzt modern ist?‹« Freud nimmt dieses Beispiel zum Anlaß, sein Verständnis einer Symptomhandlung zu formulieren:

> Symptomhandlungen nenne ich jene Verrichtungen, die der Mensch [...] automatisch, unbewußt, ohne darauf zu achten [...] vollzieht, denen er jede Bedeutung absprechen möchte, und die er für gleichgültig und zufällig erklärt [...] Sorgfältige Beobachtung zeigt [...] daß solche Handlungen [...] unbewußten Gedanken und Impulsen Ausdruck geben [...]. (Freud, 1905e, S. 239).

Zu Symptomhandlungen zählt Freud (1901b, S. 215) »das Spielen, wenn man einen Stock, das Kritzeln, wenn man einen Bleistift in der Hand hält, das Klimpern mit Münzen in der Tasche, das Kneten von Teig und anderen Stoffen, das Hantieren an seiner Kleidung [...]«. Für diese Handlungen gilt: »Gewöhnlich weiß die betreffende Person nichts davon, daß sie dergleichen tut, oder daß sie gewisse Modifikationen an ihrem gewöhnlichen Tändeln vorgenommen hat, und übersieht die Effekte dieser Handlungen.« (1901b, S. 215f.)

Gemeinsam ist den Beispielen fürs Agieren und für Symptomhandlungen, daß verdrängte Inhalte in Form eines Handels Ausdruck finden. Unterschiede zwischen beiden scheinen darin zu bestehen, daß Symptomhandlungen nicht bewußt intendiert, einfach geschehen und danach bemerkt werden können, während das Agieren von vornherein bewußt ist. Dora hätte jedenfalls Freud nicht verlassen können, wenn ihr diese Handlung nicht bewußt gewesen wäre. Desgleichen ist sich auch Freuds Analysand bewußt, daß er schweigt und ihm nichts einfällt. Ferner werden Symptomhandlungen, wenn sie nachträglich Bewußtsein gewinnen, als ich-dyston[2] erfahren und rationa-

2 Zwar nicht dem Begriff, aber der Sache nach erscheint »ich-dyston« bei Freud als das Ichfremde – im Sinne von: das der Person Fremde – unter dem Begriff »›Seelenfremdheit‹« im Zusammenhang mit dem Traum, und zwar in dem Sinne, daß »uns der fertige Traum als etwas *Fremdes* [erscheint], zu dessen Urheberschaft zu bekennen es uns [...] wenig drängt [...]« (Freud, 1900a, S. 50, Kursiv. die Verf.). In den späteren Jahren findet sich das einer Person Fremde insbesondere im Zusammenhang mit Symptombildungen wieder, etwa in der Formulierung, daß »eine Anpassung an das ichfremde Stück der Innenwelt stattfindet [...]« (1926d, S. 126; s. auch 1933a, S. 62; 1939a, S. 233). Beres hat darauf aufmerksam gemacht, »daß der Begriff ›ich-synton‹ aus der Zeit stammt, in der die Analytiker die Worte ›Ich‹ und ›Selbst‹ synonym benutzten« (Beres, 1965, zit. n. Boesky, 1982, S. 49, Übers. die Verf.), und Boesky merkt an, daß die Verwendung dieses Begriffs

lisierend erklärt, während Agieren ich-synton ist. Dora jedenfalls ist sich mit sich einig, wenn sie Freud verläßt, und im andern Beispiel beklagt zwar der Analysand sein Schweigen, rechnet es sich aber selbst zu. Des weiteren ist beim Agieren, jedoch nicht bei den Symptomhandlungen ein anderes Objekt mit einbezogen. Dora setzt Freud an die Stelle von Herrn K., und der Analysand Freuds wiederholt mit seinem Schweigen gegenüber Freud die homosexuelle Einstellung seinem autoritären Vater gegenüber, während das Täschchen Doras

> eine Darstellung des Genitales [ist], und ihr Spielen damit, ihr Öffnen und Fingerhineinstecken eine recht ungenierte, aber unverkennbare Mitteilung dessen, was sie damit tun möchte, die der Masturbation (1905e, S. 239f).

Doras Symptomhandlung scheint mithin ohne Objekt zu sein.

Diese Unterschiede werden allerdings verwischt, wenn man eine andere Szene hinzunimmt, welche Freud (1905e, S. 240) als weiteres Beispiel einer Symptomhandlung anführt:

> Eine ältere Dame zieht mitten in der Sitzung, angeblich um sich durch ein Bonbon anzufeuchten, eine kleine beinerne Dose hervor, bemüht sich sie zu öffnen, und reicht sie mir dann, damit ich mich überzeuge, wie schwer sie aufgeht.

In diesem Beispiel ist der älteren Dame jedenfalls ihre Handlungsweise von vornherein bewußt, sie ist ich-synton, die beinerne Dose ist – wie bei Dora – »eine Vertreterin der Venusmuschel, des weiblichen Genitales« (1905e, S. 240) und wird in eine Szene mit Freud eingebunden. Die Interaktion, welche die ältere Dame mit Freud durchführt, trägt mithin alle Züge eines Agierens, wie es Freud definiert. Im Lichte dieses Beispiels betrachtet, wird des weiteren auch fraglich, ob das ich-dystone Spiel mit dem Portemonnaietäschchen, das Freud als symbolische Darstellung der Masturbation deutet, wirklich objektlos ist und nicht vielmehr eine Szene symbolisiert, in der Dora eine gewünschte Interaktion mit Freud mit sich selbst inszeniert. Trifft dies zu, ist diese Symptomhandlung zwar ich-dyston und nicht bewußt intendiert, aber wie die bewußt intendiert ich-syntone Interaktion mit der beinernen Dose wäre sie in einem wesentlichen Punkt dem Agieren gleichgestellt.

Da auch die zu einem Agieren führenden Ersatzvorstellungen nicht in vollem Umfang bewußt sein müssen, ebnen sich die Unterschiede zwischen Symptomhandlungen und Agieren noch weiter ein. Beispielsweise kann aufgrund Freuds Darstellung davon ausgegangen werden, daß sich Dora zwar

zu Problemen führt, wenn man das Ich als einen Funktionskomplex definiert: Neurotisches Verhalten könnte dann nur noch mit bestimmten Ich-Funktionen im Gegensatz zu anderen Ich-Funktionen synton bzw. dyston sein (Boesky, 1982, S. 49). Wir werden beide Begriffe im folgenden im Sinne von »personen-synton« bzw. »personen-dyston« verwenden.

bewußt ist, daß sie Freud verlassen will, und daß auch der Analysand Freuds sehr wohl weiß, daß er in der Analyse schweigt und ihm nichts einfällt. Aber aus den Freudschen Ausführungen geht nicht hervor, ob Dora auch weiß, daß sie damit Freud eine Enttäuschung bereiten möchte bzw. ob der Analysand Freud bewußt eine Autorität zuschreibt, gegenüber der er sich ungläubig verhält oder verhalten möchte. Der im Agieren gewünschte Verhaltensaspekt des Objekts, welches ein früheres ersetzt, kann jedenfalls bei einer szenisch angelegten Ersatzbildung sowohl dem Bewußtsein zugänglich wie auch dynamisch unbewußt in dem Sinne sein, daß dieser gewünschte Verhaltensaspekt des Ersatzobjekts nachverdrängt und selbst wieder ersetzt wurde.

Ebenso ist es natürlich möglich, daß auch der Selbstanteil beim Agieren im Verborgenen bleiben kann. Ein gutes Beispiel, in dem sowohl der Objekt- wie auch der Selbstanteil außerhalb des Bewußtseins liegen, findet sich bei Sandler (1976). Sandler berichtet von einem Patienten, der ihn veranlaßte, in den Sitzungen wesentlich mehr als gewöhnlich zu sprechen. Dies gelang diesem Patienten, indem er es verstand, mittels »einer geringfügigen Veränderung seiner Stimme [...] jeden Satz in eine Frage ausklingen zu lassen, obwohl er im allgemeinen keine Fragen stellte« (1976, S. 302). Der Patient war sich dieser Veränderung ebensowenig bewußt wie der damit verbundenen Absicht, Sandler dadurch mehr zum Reden zu bewegen. Sandler (1976, S. 302) nahm dies zum Anlaß, »ihn auf sein Verhalten hinzuweisen« und »ihm zu zeigen, wie sehr er die Beruhigung durch mein Sprechen brauchte«. Beides konnte Sandlers Patienten akzeptieren. Im Laufe der Analyse wurde dann klar, daß der Patient damit versuchte, mit Sandler eine alte und schmerzliche Erfahrung zum Besseren zu wenden. Er erinnerte sich, »sein Vater habe die Gewohnheit gehabt, nicht zuzuhören und nicht zu antworten, und er beschrieb, wie erschreckend dies war« (a.a.O., S. 302).

Symptomhandlungen und Agieren sind mithin darin identisch, daß in die Ersatzvorstellungen, in denen sie gründen, Verhaltensaspekte eines Ersatzobjekts Eingang finden, die selbst außerhalb des Bewußtseins liegen können. Die wesentlichen Differenzen zwischen beiden Handlungsformen bestehen darin, daß Symptomhandlungen nicht immer bewußt intendiert sind, und wenn sie Bewußtsein gewinnen, als ich-dyston erlebt werden, während Agieren als ich-synton erfahren wird[3] und sowohl in bewußten Ersatzvorstellungen intendiert als auch erst nachträglich in Form von Ersatzvorstellungen bewußt werden kann.

Diese Differenzen legen nahe, sie auch auf begrifflicher Ebene einzutragen. Unser Vorschlag geht dahin, die Freudsche (1926d, S. 176) Gleichsetzung von Symptom- und Ersatzhandlungen wieder aufzuheben und mit

3 Dieser Ansicht sind z.B. Anastasopulos (1988), Berkowitz (1977), Greenacre (1950), Greenson (1966), Grinberg (1987), Hockenberry (1995).

Fenichel (1945b, S. 341) den Ausdruck »Symptomhandlungen« solchen Aktivitäten vorzubehalten, bei denen die Realisierung von Ersatzvorstellungen nicht bewußt intendiert und als ich-dyston erfahren werden, wenn sie Bewußtsein gewinnen, und als »Ersatzhandlungen« Handlungen zu bezeichnen, bei denen die Realisierung ich-syntoner Ersatzvorstellungen bewußt intendiert wie auch erst nachträglich in deren Form als ich-synton bewußt werden kann. Wenn also sowohl Symptom- als auch Ersatzhandlungen szenisch ausgestaltet, beide unbemerkt geschehen und auch erst nachträglich bewußt werden können, entscheidet sich die Frage, ob eine unbewußt determinierte Verhaltensaktivität als Symptom- oder Ersatzhandlung anzusehen ist, daran, ob diese Aktivität als ich-dyston bzw. ich-synton erlebt wird.

Trifft man diese Unterscheidung, wird einsichtig, daß sich der Freudsche Begriff des Agierens auf objektbezogene und ich-syntone Ersatzhandlungen bezieht,[4] deren Besonderheit darin gründet, daß sie in Beziehung zur analytischen Situation stehen. Wie Fenichel (1945b, S. 346; vgl. auch Brenner, 1969, S. 340; Kernberg, 1976a, S. 798; Wood, 1968, S. 441) bemerkte, handelt es sich beim Agieren um eine »Übertragungshandlung«, um die Realisierung besonderer Ersatzvorstellungen, die auf den Analytiker bezogen sind, entweder innerhalb – als *acting in* – oder außerhalb – als *acting out* – der Beziehung zu ihm. Nicht nur aufgrund der Freudschen Fassung dieses Begriffs, sondern auch um der begrifflichen Klarheit willen scheint es deshalb sinnvoll, die Verwendung dieses Begriffs wieder auf die analytische Situation einzugrenzen und mit Boesky (1982) Agieren immer in Verbindung mit der Übertragungsneurose zu sehen.

Gründe für Agieren

Symptomhandlungen und Agieren erweisen sich mithin als je besondere Formen von strukturell gleichartigen Ersatzhandlungen. Während Symptomhandlungen ich-dystone Ersatzhandlungen darstellen, ist Agieren eine ich-syntone Ersatzhandlung in der analytischen Situation, in die der Analytiker szenisch eingebunden ist. Allerdings blieb in der bisher vorgetragenen Auffassung des Agierens offen, warum ein Analysand überhaupt »vor uns hin [agiert], anstatt uns zu berichten« (Freud, 1940a, S. 101). Im Falle Doras präsentiert sich die Szene, in der sie von Herrn K. verlassen wurde, im Bewußt-

4 Diese Unterscheidung von Agieren und Symptomhandlungen deckt sich mit der von Greenson (1966, S. 283; vgl. auch Fenichel, 1945b, S. 341; Garbarino, 1968, S. 194) vorgeschlagenen: »Eine Symptomhandlung ist [...] ich-dyston [...]. Die betroffene Person erkennt den eigenartigen Charakter ihres Verhaltens, das sich ihrer Kontrolle entziehen kann. Seine Bedeutung ist ihr nicht bekannt [...]. Agieren dagegen erscheint am der Oberfläche als ein [...] kohärentes und zweckbestimmtes Verhalten, das als ich-syntones erlebt wird [...]. Die Analyse zeigt [...], daß es zugleich eine leicht entstellte Wiederholung einer vergangenen Erfahrung ist [...]«.

sein in den falschen Begriffen, Freud zu verlassen. Sie wäre also auch in der Lage gewesen, Freud zu sagen »Ich will Sie verlassen« und hätte ihm in sprachlicher Form das Latente mystifiziert mitteilen können. Auch der Analysand, von dem Freud berichtet, hätte sagen können, daß er sich der Analyse schämt und gerne jammern möchte, statt sich entsprechend zu verhalten. Ebenso könnte auch ein Zwangsneurotiker, der dauernd zu spät kommt, sagen, daß er gerne zu spät kommen möchte, anstatt wirklich zu spät zu kommen.

Die Frage jedenfalls, warum im Falle des Agierens Analysanden in mystifizierter Weise im Handeln und nicht sprachlich über ihre Vergangenheit Auskunft geben, obwohl sie es könnten, konnte nach Ansicht von Calef (1968) und Boesky (1982) nicht zufriedenstellend beantwortet werden. Nicht zuletzt dieser Mangel führte zu der Auffassung, daß es vor allem präverbale Erfahrungen sind, die agiert würden (z.B. Akhtar, 1994; Atkins, 1970; Blanck & Blanck, 1974, S. 131; A. Freud, 1968; Greenacre, 1950; Greenson, 1966). Zwar scheint A. Freuds (1968, S. 245) Begründung des Agierens vorsprachlicher Erfahrungen, das Greenson *re-enactment* nennt, unmittelbar einsichtig. Die »›vergessene Vergangenheit‹, vor allem soweit sie die vorsprachliche Periode betrifft, ist in die Ichorganisation in strengem Sinne nie eingegangen; d.h. sie unterliegt der Urverdrängung, nicht der eigentlichen oder der Nachverdrängung, und kann deshalb nicht im Gedächtnis reproduziert, sondern nur wiedererlebt (im Verhalten wiederholt, agiert) werden« (Greenson, 1966, S. 284).

Es ist sicher unbestreitbar, daß sich vorsprachliches Erleben einer diskursiven, detaillierten sprachlichen Darstellung entzieht. Daraus folgt aber nicht, daß es außerhalb der Sprache ist. Wie es sich in die Sprache einfädeln kann, wird einsichtig, wenn man diesen Vorgang im Rahmen der Affekttheorie von Heller (1981, S. 98-114) verfolgt. In ihrer Auffassung werden bestimmte Affekte, die das Erleben des noch sprachlosen Kindes kennzeichnen, nicht durch eine bestimmte konkrete Situation, sondern durch die bestimmte Struktur ausgelöst, die verschiedenen registrierten Situationen gemeinsam ist. Mit dem Spracherwerb werden diese Affekte an die spezifische Situation gebunden, in der sie erfahren werden, wobei die vom noch nicht sprachfähigen Kind registrierten und mit den Affekten verbundenen unbewußten Szenen mit den Affekten verbunden bleiben, wenn die Affekte sprachlich eingeholt werden. Damit wird es möglich, mit den erworbenen Sprachbegriffen implizit auch über die vorsprachlichen Szenen zu reden, welche die unbewußten Bedeutungen der Affekte konstituieren, wenn man über die sprachlich begriffenen Szenen redet, in denen die Affekte nun entstehen.

Wir wollen dies am Beispiel eines 14-jährigen Patienten erläutern, der in seiner analytischen Behandlung über seine Vorliebe für Saunabesuche berichtete. Er suchte sie praktisch jeden Tag auf und erfreute sich vor allem am

Dösen im Dämmerlicht des Saunaraums. Meistens blieb er solange in diesem Raum, bis es nicht mehr auszuhalten war und die Hitze ihn heraustrieb, und genoß dann insbesondere den Sprung in ein kühlendes Wasserbecken. Aus den Gesprächen mit seinen Eltern war zu erfahren, daß er im Alter von acht Monaten, als er in einem Zimmer bei Verwandten schlief, bei einem Brand Verbrennung erlitten hatte und gerade noch gerettet werden konnte. Die Verbrennungen waren vollständig abgeheilt und er selbst konnte sich daran nicht erinnern.

In diesem Beispiel, so kann angenommen werden, stellte sich in der Saunaszene das in den Affekten erlebte Allgemeine der damaligen Verbrennungsszene in Gestalt eine präsentativen Symbols, d.h. in einer veränderten besonderen Form dar, in denen die Affekte damals objektiv gründeten. In dieser veränderten besonderen Form erlebt und erinnert der Patient die damalige Szene, ohne sich daran bewußt erinnern zu können. Redet er also in sprachlichen Begriffen über seine Affekte und die Saunaszene, spricht er insgeheim auch über die vorsprachliche Verbrennungsszene.

Wenn es offensichtlich möglich ist, in der diskursiven Fassung späterer Erlebnisformen, in denen sich vorsprachliche Erfahrungen als präsentative Symbole darstellen, implizit auch über diese Erfahrungen zu reden, ergibt sich auch für das Agieren vorsprachlicher Erfahrungen in der Analyse die Frage, warum sie agiert werden und nicht darüber geredet wird. Eine Antwort findet sich, wenn man Greensons (1966) Ansicht, daß im Agieren nicht nur die unbewußte Vergangenheit wiederholt, sondern zugleich versucht wird, die Vergangenheit in dem Sinne zu falsifizieren, daß schmerzliche Erfahrungen einem besseren Ende zugeführt werden, in der Perspektive der Überlegungen von Spitz (1956) betrachtet, der in einer nur wenig rezipierten Arbeit auf die strukturelle Ähnlichkeit von frühkindlicher und analytischer Situation hinwies. War der Analysand in seiner Kindheit aus physiologischen Gründen hilflos, schreibt Spitz (1956, S. 382, Übers. die Verf.), wird er nun in der Beziehung zum Analytiker und durch die Regeln, die ihm auferlegt werden, hilflos gemacht. Wie ein Kind in der Krippe »liegt der Analysand auf der Couch, er hört den Analytiker, kann ihn aber nicht sehen, und er muß wie ein Säugling seine Appelle und verbalen Äußerungen in eine räumliche Leere richten [...]. Auch die Aufforderung, ohne Auswahl und Zensur alles zu sagen, was ihm einfällt, das Licht seiner bewußten Wahrnehmung auf sein Innenleben zu richten, entspricht in etwa dem, was der Säugling tut, wenn er ohne auszuwählen und Hemmung durch Bewegung oder Laute, durch Schweigen oder Agitation seine organischen Prozesse zeigt, die er wahrgenommen hat. Wie das Kind ist der Analysand an die Krippencouch gebunden und kann selbst nicht aktiv werden« und wie die Eltern »hat der Analytiker den Vorzug, zu intervenieren oder nicht zu intervenieren«.

Die strukturelle Identität, die zwischen der analytischen und der kindlichen Situation besteht, stellt einen »szenischen Auslösereiz« (Lorenzer,

1970, S. 82) dar, der an die abgewehrten Beziehungen appelliert. Die Folge ist eine Intensivierung der verpönten, den ursprünglichen Objekten geltenden Triebwünsche. Mit dieser Intensivierung – einer »actualization« (Boesky, 1982, S. 42) – der verpönten Wünsche werden aber auch die gegen sie gerichteten Abwehrmaßnahmen mobilisiert (s. z.B. Fenichel, 1945a, S. 132), die umso mehr als Widerstand gegen das Erinnern erscheinen, je mehr die vielfältigen Erscheinungsformen der unbewußten Grundkonflikte im Fortgang der Analyse abgetragen worden sind und die Grundkonflikte unverstellt ins Bewußtsein einzudringen drohen. In diesem Kontext wird auch die Freudsche (1914g, S. 130) These »Je größer der Widerstand ist, desto ausgiebiger wird das Erinnern durch das Agieren (Wiederholen) ersetzt« verständlich. Daß dieser Widerstand zum Agieren führt, liegt daran, daß in diesem Fall Abwehroperationen an den Repräsentanzen nicht mehr genügen, die mit dem Bewußtwerden der Grundkonflikte drohende Unlust zu bewältigen. Da eine sprachlich mystifizierte Darstellung des Verpönten und ein bloß mystifiziertes Reden darüber nicht mehr ausreichen, die drohende Unlust aus dem Bewußtsein fernzuhalten, muß versucht werden, sie in Realisierung noch bestehender Ersatzvorstellungen im Handeln, im Agieren zu bewältigen. Bei dieser Realisierung nutzt der Analysand die Verschiedenheit im Identischen. In seinem Selbstverständnis erfüllt sich der Analysand seine Wünsche nicht in ihrer ursprünglichen, sondern in einer anderen Form, beispielsweise mit einem anderen Objekt, dem Analytiker. In seinem Bewußtsein ist diese andere Person nicht diejenige, mit der sie unbewußt identisch ist, und diese bewußte Verschiedenheit des unbewußt Identischen eröffnet ihm die Möglichkeit, die in der Angst antizipierte, ehemals passiv erfahrene Unlust durch eine spezielle Ersatzhandlung, ein Agieren, aktiv zu bewältigen.

Genau diese Wendung des passiv Erduldeten in aktive Bewältigung findet sich sowohl bei Dora als auch in dem von uns berichteten Beispiel. Dora inszeniert mit Freud nicht die unlustvolle Szene, in der sie von Herr K. verlassen wurde, sondern sie fügt Freud aktiv das zu, was sie passiv von Herr K. erfahren hatte, und auch in unserem Beispiel wird nicht das passive, unlustvolle Ausgeliefertsein an die Hitze der Verbrennung wiederholt; vielmehr entschied der Patient, diese Hitze aufzusuchen, und bestimmte selbst die Zeitspanne, in der er sich ihr aussetzte, und den Zeitpunkt, an dem er sich aus ihr befreite. Blum (1968), Blanck & Blanck (1974) und Sandler (1976) geben weitere Beispiele dieser Art einer Reproduktion präverbaler und/oder abgewehrter Erfahrungen. Diese im Agieren enthaltene Wendung schmerzhafter Erfahrungen wird von Boesky (1982), Ekstein & Feldman (1957), Greenson (1967, S. 275) und Kritzenberg (1980) verallgemeinert.

Das zitierte Beispiel von Sandler (1976) macht auch deutlich, daß das *acting in* nicht nur negativ zu bewerten ist. Denn indem der Analysand in der Übertragung »gleichsam vor uns hin [agiert], anstatt uns zu berichten«, führt er zugleich »uns in ihr mit plastischer Deutlichkeit ein wichtiges Stück seiner

Lebensgeschichte vor[,] über das er uns wahrscheinlich sonst nur ungenügende Auskunft gegeben hätte« (Freud, 1940a, S. 101). Allerdings wäre es falsch anzunehmen, daß der Patient sein Agieren in kommunikativer Absicht an den Analytiker in dem Sinne richtet, daß er ihm damit in einer mystifizierten Form seine unbewußten Inhalte mitteilen möchte. Zwar ist aus Sicht des Analytikers die agierende Darstellung unbewußt gewordener oder vorsprachlicher Szenen in gleichem Maße entstellt wie ihre sprachliche Darstellung. Im Falle der sprachlichen Darstellung bewegt sich jedoch auch der Analysand subjektiv auf einer sprachlichen Metaebene, weiß oder kann zumindest potentiell wissen, daß er seine Erinnerungen betrachtet und diese mitteilen will, während er beim Agieren seine Erinnerungen in mystifizierter Form bewußtlos inszeniert und er sie auch nicht in dieser veränderten Form als eine Botschaft mitteilen möchte. Den Charakter einer Mitteilung bekommt das Agieren erst durch die Deutung des Analytikers, in welcher er das Agieren in Begriffe faßt und als Darstellung einer anderen Szene ausweist. Während also die sprachlichen Darstellungen für den Analysanden bereits metasprachlichen Charakter haben, gewinnt das Agieren für den Analysanden den Status eines »Metahandelns« – eines Handelns, welches über ein anderes Handeln »spricht« – erst durch die Aktivitäten des Analytikers.

Damit gewinnt auch die Unterscheidung von Agieren und Gesten Kontur. »Gesten und Bewegungen« – wie Schluchzen, Kopfnicken, Handzeichen, in welcher Tonlage der Analysand spricht, mimische Abläufe – sieht Freud (1916/17a, S. 55) als »Ausdruck der Gemütsbewegungen«, die »dem Anderen als verläßliche Zeichen [dienen], aus denen man auf die seelischen Vorgänge schließen kann« (1890a, S. 294; vgl. 1905c, S. 220; 1911b, S. 233).[5] Wie das Agieren können diese Gesten sowohl unbemerkt ablaufen als auch bewußt, ich-synton eingesetzt werden und mit einer Wirkabsicht ausgestattet sein. Der wesentliche Unterschied zum Agieren besteht darin, daß sie unbewußte oder bewußte Inhalte nicht darstellen, sondern – wie Worte – lediglich bezeichnen. Sie sind körperliche Zeichen von bewußten oder unbewußten Szenen oder Affekten bzw. Emotionen, die mit der unbewußten oder bewußten Absicht ausgeführt werden, diese Szenen oder Gefühlszustände dem anderen mitzuteilen und mit dieser Mitteilung etwas zu bewirken.

Agieren und »enactments«

Auch wenn Agieren nicht mit der Absicht erfolgt, etwas mitzuteilen, heißt das doch nicht, daß es absichtslos und sozusagen ohne Adressaten ist. Zwar entfällt beim Agieren der kommunikative Mitteilungsaspekt des Sprechens;

5 Diese Auffassung deckt sich mit dem Meadschen (1934, S. 85) Verständnis der Gesten als körperliche Zeichen, welche wie die sprachlichen Zeichen »die dahinterstehende Idee ausdrück[en]« und bedeuten.

es behält jedoch jene Wirkabsicht, die auch dem Sprechen innewohnen kann, die Absicht, beim anderen eine bestimmte Reaktion zu bewirken. Unter diesem pragmatischen Aspekt betrachtet, entspricht das Agieren der Bühlerschen (1934, S. 28) »Signal«-Funktion der Sprache. Es ist das handelnde Pendant ihrer Fähigkeit, beim Angesprochenen bestimmte Reaktionen hervorzurufen. Agieren ist getragen von der geheimen Absicht des Analysanden, den Analytiker zu einem Verhalten oder einer gefühlsmäßigen Reaktion zu bewegen, welches bzw. welche sich in die von ihm intendierte Ersatzhandlung einfügt. Dies gilt sowohl für den Fall, daß – wie im Beispiel Sandlers – der Analysand sein Agieren selbst zunächst nicht bemerkt, als auch für den Fall, daß er – wie Dora – sich seines Handelns bewußt ist. Die Wirkabsicht von Sandlers Patient liegt darin, den Analytiker zu bewegen, mehr zu sprechen, und Dora möchte offensichtlich in Freud jenes Gefühl der Enttäuschung hervorrufen, daß sie selbst hatte, als Herr K. sie verließ. Bird (1957, S. 635, Übers. die Verf.; vgl. auch Grinberg, 1987; Klüver, 1983; Limentani, 1966) verallgemeinert diesen Sachverhalt in der Formulierung, daß »ein agierender Patient mit allen Mittel versucht, den Analytiker zum Mitagieren zu bewegen [...]«. Im Kontext dieser Formulierung macht dabei Sandlers Beispiel einsichtig, daß sich Agieren auch im Befolgen der Regeln des analytischen Settings abspielen kann. Der »Austausch von Worten zwischen dem Analysierten und dem Arzt« (Freud, 1916/17a, S. 9), das Erzählen von Träumen oder freies Assoziieren können ebenso den Charakter einer Ersatzhandlung haben wie das pünktliche Erscheinen zur und Beenden der Stunde oder das Hinlegen auf die und Aufstehen von der Couch. Obwohl das Verhalten des Analytikers den Regeln entsprechen mag, gewinnt es in diesen Fällen den Status eines Mitagierens.

Auf dieses Mitagieren des Analytikers nimmt der Begriff »enactment«[6] Bezug. Er wurde von Joseph zur Bezeichnung von »Gegenübertragungsreaktionen, [welche] mit der gewohnten analytischen Technik [...] verwoben und darin unerkannt verborgen sind« (Joseph, 1986, S. 290, Übers. die Verf.), eingeführt. Als Beispiele nennt er die Art und Weise, wie Analytiker zuhören, ihr Schweigen und ihre Neutralität, ihre individuelle Betonung von Übertragungsphänomenen und -deutungen, ihre Vorstellungen vom Durcharbeiten und von einer korrekten Deutung, und er ist der Ansicht, daß »diese und viele andere Aspekte unserer täglichen klinischen Arbeit verborgene Gegenübertragungselemente enthalten können und auch sehr oft enthalten«.

Allerdings kann nicht nur der Analytiker zum Mitmachen aufgefordert werden. Bird (1957), Greenacre (1950) und Greenson (1966) machen darauf aufmerksam, daß das Agieren des Analysanden auch vom Analytiker un-

6 Dieser Begriff findet sich schon in einem Aufsatz von Waelder (1925, S. 277) und in der englischen Übersetzung eines Vortrags von Ferenczi (1931a, S. 473). Sowohl bei Waelder als auch bei Ferenczi (1931b, S. 497) steht »enactment« für »Agieren«.

bewußt provoziert werden kann. So können beispielsweise auch für den Analytiker das Einhalten der Stunde, ihr Beenden oder selbst seine therapeutischen Aktivitäten den Status von Ersatzhandlungen haben, und zwar nicht nur im Sinne eines unbewußten Mitagierens, als Gegenübertragungsinszenierung (Gabbard, 1995), sondern als ein Agieren, mit dem er seinen Analysanden zu einem seiner unbewußten Intention entsprechenden Mitagieren auffordert. Unter Einbeziehung des Umstandes, daß auch der Analytiker Regie führen und seinen Analysanden inszenieren kann, erweitert McLaughlin diesen Begriff und schlägt vor, den Begriff »›analytic enactment‹ für Ereignisse in der Dyade zu reservieren, die beide Beteiligten als Folge des Verhaltens des jeweiligen anderen erleben« (McLaughlin, 1991, S. 600, Übers. die Verf.).

Daß es sich bei diesen *enactments* um ein Agieren handelt, stellt Boesky (1989) in seiner Untersuchung beider Termini klar. Er ist zu Recht der Ansicht, daß alle Aussagen, mit denen Freud Agieren gekennzeichnet hat, gleichermaßen für *enactment* zutreffen, und Chused merkt an, auch sie resultierten »aus dem Versuch des Patienten, eine interaktionelle Repräsentanz einer gewünschten Objektbeziehung zu schaffen« (Chused, 1991, S. 628, Übers. die Verf.). Sandler (1970), Chused (1991) und Boesky (1989) ziehen diesen Begriff u.a. vor, weil *enactments* enger mit dem therapeutischen Prozeß verbunden seien und er außerdem beinhalte, daß auch der Analytiker *enactments* inszenieren kann. Zwischen dem Agieren und den *enactments* gibt es jedoch noch einen weiteren Unterschied, auf den die zitierte Bemerkung von Chused aufmerksam macht. Bei einem Agieren liegt ein Wunsch vor, das Mitagieren des anderen wird nur intendiert, während in den *enactments* der andere bereits mitagiert, der Wunsch also erfüllt wird. Deshalb möchten wir dafür plädieren, die Begriffe »Agieren« und »Mitagieren« nicht aufzugeben, sondern sie zur Differenzierung der *enactments* beizubehalten. In den »symbolischen Interaktionen zwischen Analytiker und Patient (Chused, 1991, S. 615, Übers. die Verf.) läßt sich so in der analytischen Dyade unterscheiden, wer inszeniert und wer inszeniert wird, bzw. wessen Verhalten als »Agieren« und wessen Verhalten als »Mitagieren« zu bezeichnen ist.

Gleichgültig, wer bei diesen *enactments* Regie führt, sie resultieren immer aus »den unbewußten Kräften im Analytiker und im Patienten«, stellt Chused (a.a.O., S. 637, Übers. die Verf.) fest. Sie ist sich mit anderen Autoren (z.B. Aron, 1990; Davies, 1994; Gabbard, 1994; Hoffman, 1992; McLaughlin, 1991; Renik, 1993; Roughton, 1993; Sandler, 1976) einig, daß sie deshalb für ein besseres Verständnis des Analysanden hilfreich sein können. Diese Auffassung ist allerdings aus folgenden Gründen problematisch. Einig sind sich die Analytiker verschiedener Schulen und Richtungen, daß die Gegenübertragung ein wesentliches Erkenntnismittel für die in den Übertragungen und damit auch im Agieren verborgenen unbewußten Inhalte ist (z.B. Gabbard, 1995; Thomä, 1999). Als unverfälschtes Erkenntnismittel können aber die im Analytiker aufsteigenden bewußtseinsfähigen Vorstellungen und Gefühle nur dienen, wenn sie vorbewußt, d.h. nur in einem topischen und nicht in einem dynamischen Sinne unbewußt sind.[7] Trifft dies zu, würde der Analytiker jedoch weder selbst agieren noch mitagieren. *Enactments* könnten nicht stattfinden, denn sie setzen voraus, daß der Analytiker aus Gründen mitagiert, die für ihn im dynamischen Sinne unbewußt sind. Dann aber kann er sich dieser Gründe nurmehr in Ersatzvorstellungen bewußt werden. Mit ihnen kann sich zwar sein Verständnis des Analysanden verändern, aber auch dieses veränderte Verständnis bleibt ein begrenztes. Denn in dem Maße, wie die eigenen unbewußten Wünsche der Abwehr unterliegen, bleiben auch die des Analysanden, die in den *enactments* realisiert werden, der Abwehr verfallen. Chused sieht das selbst: Da »unbewußte Konflikte für seine Teilnahme an den *enactments* verantwortlich sind, wird auch sein Widerstand gegen ein volles Verständnis nicht nachlassen, nachdem er das enactment bemerkte« (Chused, 1991, S. 634, Übers. die Verf.). Ohne Begründung, wie unter diesen Umständen das sich in den *enactments* darstellende Unbewußte des Analysanden gleichwohl noch erkannt werden kann, bleibt ihre Aussage, daß »unbewußte determinierte enactments [...] dem Analytiker neue Erkenntnis bringen«, indem sie zu einem vollen Verständnis ihrer »Übertragungsbedeutung« führten (1991, S. 616, Übers. die Verf.), eine unbegründete Behauptung.[8]

Wir wollen diese begrenzte Veränderung des Verstehens an einem Beispiel erläutern. McLaughlin (1991) schildert die Analyse einer Patientin, die im ersten Jahr ihrer Analyse viel erzählte, zu den erzählten Inhalten aber keine feste Position einnehmen konnte, bzw. sie völlig verschwommen ließ, ihre Wahrnehmungen bezweifelte und jede Intervention des Analytikers mit Schweigen oder einem ja-aber beantwortete, zurückwies und das früher Erzählte, worauf der Analytiker seine Interventionen stützte, durch nachgereichte Informationen in Frage stellte. McLaughlin verstand zwar, daß dies Abwehrmanöver waren, aber zugleich bemerkte er, daß seine Neugierde und

7 In diesem Sinne erläutert auch Freud in einem Brief vom 22.02.1925 an Binswanger seine vielzitierte Telephonmetapher – der Analytiker »soll dem gebenden Unbewußten des Kranken sein eigenes Unbewußtes als empfangendes Organ zuwenden, sich auf den Analysierten einstellen wie der Receiver des Telephons zum Teller eingestellt ist« (Freud, 1912e, S. 381) –, die als eine Art unbewußter Kommunikation von Analysand und Analytiker aufgefaßt wird. Bezogen auf den Arzt habe er in der Formulierung, »das Unbewußte des Arztes [ist] befähigt, aus den ihm mitgeteilten Abkömmlingen des Unbewußten dieses Unbewußte, welches die Einfälle des Kranken determiniert hat, wiederherzustellen« (1912e, S. 381f.), »unbewußt« in einem deskriptiven Sinne verwendet, und in dynamischer Hinsicht wäre »vorbewußt« korrekter gewesen (Fichtner, 1992, S. 202).

8 Man könnte diese Behauptung nur mit der fragwürdigen Annahme begründen, daß der Analytiker über die Fähigkeit eines Münchhausen verfügt und in der Lage ist, sich am eigenen Schopfe aus dem Sumpf zu ziehen.

sein Untersuchungsinteresse ebenso nachließen wie sein Bemühen, ihr zu einem Verständnis zu verhelfen. Er hüllte sich mehr und mehr in ein stures Schweigen und wartete auf besseres Material. Sah er etwas Brauchbares, unterbrach er ihren Monolog, insistierte auf seiner Sichtweise und stellte seinen Standpunkt in einer penetranten Weise dar, von der er sagt, daß sie ihn selbst beunruhigte, wenn er sich sprechen hörte.

Diese Situation änderte sich, nachdem sich McLaughlin anläßlich eines Manierismus – »Ich legte wiederholt meine Brille ab und starrte minutenlang dumpf auf die verschwommene Gestalt meiner Patientin auf der Couch« – an die Zeit, bevor und nachdem er selbst eine Brille bekam, erinnerte (McLaughlin, a.a.O., S. 606, Übers. die Verf.). Sein Onkel habe seine Kurzsichtigkeit zufällig entdeckt, und bis zu diesem Zeitpunkt sei er bei seinen unklaren Darstellungen der gemeinsamen Unternehmungen mit seiner älteren Schwester und einem Cousin von diesen fast immer korrigiert und lächerlich gemacht worden, und er schreibt:

> Die Brille half mir nicht nur beim schärferen Sehen; dennoch hinterließen das Rätselraten und die Unsicherheit der vorausgegangen Jahre Spuren in meinen Bedürfnis, Zusammenhänge genau und schnell zu erkennen und sie korrekt auszudrücken. (a.a.O., S. 607, Übers. die Verf.)

Diese Spuren sah er auch in seiner Tätigkeit als Analytiker, in seiner Neigung wirksam, die richtige Interpretation und den richtigen Zeitpunkt der Intervention zu finden, sein Verständnis des Patienten korrekt zu artikulieren und dessen Reaktion auf seine Worte zu beobachten. McLaughlin (1991) ist jedenfalls der Ansicht, daß sein Anliegen, als Analytiker seine Patienten in einer klaren und genauen analytischen Perspektive richtig zu sehen, in erster Linie durch Bedürfnisse verstärkt wurde, die sich hauptsächlich aus seiner Ambivalenz gegenüber engen Familienmitgliedern und dem kompensatorischen Bestreben speisten, Vergangenes zu reparieren. Diese Einsicht setzt er in Beziehung zu seinem Umgang mit Mrs. P. und folgert, daß er offensichtlich in der Situation, die sein Kompetenzgefühl in Frage stellte, dazu neigte, diese analytische Grundhaltung zu übertreiben. Mit diesem auf Genauigkeit bedachten analytischen Verhalten begründet er das *enactment*: »Meine längeren Schweigephasen, selbstbestätigende Ausflüge und das Aufdrängen meiner Interventionen im ersten Jahr der Arbeit mit Mrs. P. waren *von mir geschaffene enactments*« (a.a.O., S. 605, Übers. und Kursiv. die Verf.).

Die Psychodynamik der Entstehung und Veränderung dieses *enactment* läßt sich in folgender Weise darstellen. In Wendung des passiv Erfahrenen ins Aktive agierte der Analytiker im Umgang mit seiner Analysandin zu Beginn eine Ersatzbildung, die ihn vor der Wiederkehr früherer unlustvoller Erfahrungen schützte. Dieser Ersatzbildung lag eine Identifikation mit den Aggressoren und eine Projektion jenes kurzsichtigen Jungen auf seine Analysandin zugrunde, der einst diesen Aggressionen ausgesetzt war. Das Agieren des Analytikers, in dem er sich seiner Analysandin als ein »Revenant« (Freud, 1900a, S. 491) aus ihrer unbewältigten Vergangenheit präsentierte, bildete für sie einen »szenischen« Auslösereiz für ihre Übertragung. Seine Analysandin, schreibt McLaughlin, war in ihrer Kindheit in ihren Versuchen, ihre Mutter emotional zu erreichen, kontinuierlich von einer auf Distanz bedachten, mit sich selbst beschäftigten Mutter frustriert worden und einem sporadisch aufmerksamen Vater ausgesetzt, dessen Zuwendung sich im wesentlichen in einer übertrieben kritischen Haltung ihr gegenüber darstellte. Diese Übertragung führte vermutlich im Analytiker zu einer komplementären Identifikation mit den elterlichen Objekten seiner Analysandin, so daß in diesem *enactment* nun McLaughlin nicht nur seine Eigenübertragung agierte und die Analysandin mitagierte, sondern auch seine Analysandin ihre Übertragung agierte und er selbst seine Gegenübertragung mitagierte. Er ist der Auffassung, daß das Verhalten von Mrs. P. vor und nach seinem Schweigen, das sie an ihre, von ihren eigenen Interessen präokkupierte Mutter erinnerte, in dem Sinne ein passender Mechanismus war, als es eine erwartete Abweisung abwehrte, und daß ihre abwehrende und vernebelnde Haltung gegenüber seinen insistierenden Interventionen, die ihre Abwehr überrollten, so angemessen war wie ihre alten Antworten auf die aufdringlich verletzende und sie beschämende Kritik ihres Vaters.

Als McLaughlin (a.a.O., S. 610) sein analytisches Verhalten als Resultat einer Übertragung, als Realisierung einer Ersatzbildung begreifen konnte, verstand er auch die immense Angst und die damit einhergehende sture Zurückhaltung, die es Mrs. P. nicht erlaubten, das zu sagen, was sie bewußt wußte und fühlte. Sein Umgang mit seiner Analysandin wandelte sich, womit das bisherige *enactment* sistierte. Er schwieg weniger, mußte nicht immer Recht behalten, konnte seine Ideen flottieren lassen und seine Fragen und Interventionen »vorsichtiger, zurückhaltender und in einer Weise formulieren, daß Mrs. P. sie je nach ihren Bedürfnissen annehmen oder zurückweisen konnte« (S. 620, Übers. die Verf.).

Es ist gewiß unstrittig, daß sich mit McLaughlins Selbsterkenntnis auch sein Verständnis der Analysandin änderte. Ob dieses veränderte Verständnis aber bis in die Tiefe ihrer unbewußten Grundkonflikte reichte, ist ebenso fraglich wie die Annahme, McLaughlin habe seine analytische Haltung als Ersatzbildung seiner eigenen Grundkonflikte erkannt. Seiner Darstellung ist jedenfalls nicht zu entnehmen, welche unbewußten Wünsche McLaughlins durch das Verhalten seiner älteren Schwestern und seines Cousins frustriert wurden, um wen er mit ihnen rivalisierte und welche konkreten unbewußten Wünsche dieser Rivalität zugrunde lagen. Bleiben diese auch im weiteren Verlauf der Analyse verborgen, endete McLaughlins Selbsterkenntnis nicht bei den eigenen Grundkonflikten, sondern bei einer Ersatzbildung, d.h. bei jener, in der sich ihm einst das eigene unbewußte Drama im Bewußtsein präsentierte und zu deren weitere Abwehr die von ihm erkannte Ersatzvorstellung gebildet wurde. Diese Begrenzung führt wiederum dazu, daß zwar abstrakt verstanden werden konnte, daß seine Analysandin Wünsche an ihre Mutter und ihren Vater hatte, die von beiden frustriert wurden. Um welche unbewußt gewordenen Wünsche es sich dabei handelte, bleibt aber weiterhin im Dunkeln. Das Verstehen und Begreifen des Analytikers endet an jener Grenze, die durch das System seiner Ersatzbildungen definiert wird.

Solange das Verständnis ein begrenztes ist, solange besteht auch die Möglichkeit zu weiteren *enactments*. Dem Beispiel McLaughlins etwa kann unschwer die Vermutung entnommen werden, daß der Aufgabe des ersten ein weiteres *enactment* folgte, in welchem der Analytiker sein unbewußtes Drama nun in der Form in seinem analytischen Verhalten agiert, in der es ihm in seiner neugewonnenen Ersatzbildung bewußt geworden ist. Die Projektion von Selbstanteilen auf die Analysandin bleibt bestehen, er geht mit ihr nun aber so um, wie er es sich in seinen Kinderjahren von seinen wichtigen Beziehungsfiguren ihm gegenüber gewünscht hätte – »vorsichtiger, zurückhaltender und in einer Weise [...], daß [ich] sie je nach [meinen] Bedürfnissen annehmen oder zurückzuweisen konnte« (a.a.O., S. 620). Die Analysandin wiederum agiert in diesem neuen *enactment* mit, weil auch sie sich diese idealen Eltern wünschte. Indem der Analytiker sich seine eigenen unbewußten Wünsche in der verpuppten Gestalt dieses neuen *enactment* erfüllt, befriedigt er zugleich die seiner Patientin in mystifizierter Form.

Schlußfolgerungen

Symptomhandlungen und Agieren erweisen sich als besondere Ersatzhandlungen, in denen unbewußte Inhalte in entstellter Form im Handeln erscheinen. Im Gegensatz zu Gesten und zur Ansicht von Zetzel (1970)[9] werden sie nicht mit einer Mitteilungs-, sondern mit der Absicht inszeniert, im anderen etwas zu bewirken. Symptomhandlungen sind Ersatzhandlungen, die sowohl außerhalb als auch innerhalb der analytischen Situation stattfinden können, ihnen liegt eine unbewußte Absicht zugrunde, sie werden primär als ich-dyston erlebt und können – wie etwa ein Konversionssymptom – sekundär noch zum Erreichen bestimmter Zwecke eingesetzt werden. Agieren benennt Übertragungshandlungen, d.h. die Realisierung ich-syntoner, besonderer, auf den Analytiker bezogener Übertragungsvorstellungen. Als *acting out* finden sie außerhalb und als *acting in* innerhalb der analytischen Situation mit der bewußten oder unbewußten Absicht statt, im Analytiker jene bestimmte Reaktion hervorzurufen, welche die intendierte Szene vervollständigt.

9 Zetzel (1970, S. 631) versteht »bestimmte Symptomhandlungen [...] als Mitteilungen an den Analytiker, die mitgeteilten Träumen vergleichbar sind und wie diese dem analytischen Prozeß dienen«.

Re-enactment bezeichnet das Agieren vorsprachlicher, niemals bewußt gewordener Szenen in veränderter Form. Da sich in diesen Szenen die Welt für den Analysanden noch nicht in ein Subjekt und eine Welt verschiedener Objekte ausdifferenziert hat, kann ihnen auch keine an ein Objekt gerichtete Wirkabsicht zugrunde liegen.

Enactments wiederum sind Ersatzhandlungen, in welchen das Objekt entsprechend der Wirkabsicht des Subjekts mitagiert, wobei sowohl der Analysand als auch der Analytiker Regie führen und den anderen inszenieren können. Gemeinsam mit dem Agieren sind *enactments* und *re-enactments* als Widerstand gegen das Erinnern anzusehen und können zugleich für ein tieferes Verständnis des Analysanden hilfreich sein. Allerdings endet das Verstehen und Begreifen des Analysanden an der Grenze, die durch das System der Ersatzbildungen des Analytikers definiert wird.

Zusammenfassung

Die Autoren fragen nach den Gemeinsamkeiten und Unterschieden von Agieren, Symptom- bzw. Ersatzhandlungen und *enactments*. Diese Handlungsformen werden als besondere Ersatzhandlungen ausgewiesen, in denen unbewußte Inhalte in entstellter Form erscheinen und denen keine Mitteilungsabsicht innewohnt. *Symptomhandlungen* sind Ersatzhandlungen, die sowohl außerhalb als auch innerhalb der analytischen Situation stattfinden können, ihnen liegt eine unbewußte Wirkabsicht zugrunde, sie werden primär als ich-dyston erlebt und können sekundär noch zum Erreichen bestimmter Zwecke eingesetzt werden. *Agieren* benennt die Realisierung ich-syntoner, auf den Analytiker bezogener Übertragungsvorstellungen, die als *acting out* mit anderen Objekten als dem Analytiker und als *acting in* innerhalb der analytischen Situation mit der bewußten oder unbewußten Absicht stattfindet, im Analytiker jene Reaktion hervorzurufen, welche die intendierte Szene vervollständigt. *Enactments* wiederum sind Ersatzhandlungen, in welchen das Objekt entsprechend der Wirkabsicht des Subjekts mitagiert, wobei sowohl der Analysand als auch der Analytiker Regie führen und den anderen inszenieren können. Agieren und *enactments* sind als Widerstand gegen das Erinnern anzusehen und können zugleich für ein tieferes Verständnis des Analysanden hilfreich sein. Allerdings endet das Verstehen und Begreifen des Analysanden an der Grenze, die durch das System der Ersatzbildungen des Analytikers definiert wird.

Summary

The authors distinguish between acting-out, symptomatic actions, substitutive actions and enactments as regards their common and differing features.

They define all these actions as forms of substitutive actions in which unconscious elements come into interaction and appear in a distorted form. There is no communicative intention on the part of the individual. *Symptomatic actions* are substitutive actions occuring within or outside the analytic situation. They are instigated by an unconscious intention to make something happen. They are experienced primarily as ego-dystonic but may be used secondarily to achieve certain ends. *Acting* is defined as the realisation of ego-syntonic transference ideas concerning the analyst. With *acting out* the subject realises these ideas with a person other than the analyst. *Acting in* is the realisation of transference ideas in the analytic situation with the conscious or unconscious aim of evoking a reaction on behalf of the analyst in order to complete the intended scene. *Enactments* are substitutive actions in which the object also enacts. The object acts in accordance with the subject's unconscious intent to produce a specific reaction. Both analyst and patient may enact, the one staging the other. *Acting* and *enactments* must be understood as resistances against remembering. They can help to achieve a better understanding, but this will be limited by the system of substitutive formations the analyst possesses.

Literatur

Akhtar, S. (1994): Object constancy and adult psychopathology. *Int. J. Psycho-Anal.*, 75, 441-455

Anastasopoulos, D. (1988): Acting out during adolescence in terms of regression in symbol formation. *Int. R. Psycho-Anal.*, 15, 177-186

Aron, L. (1990): One-person and two-person psychologies and the method of psychoanalysis. *Psychoanal. Psychol.*, 7, 475-485

Atkins, N. B. (1970): Action, acting out and the symptomatic act. *J. Amer. Psychoanal. Assn.*, 18, 631-643

Beres, D. (1965): Kris study group on acting out. [Zit. n. Boesky (1982)]

Berkowitz, D. A. (1977): The vulnerability of the grandiose self and the psychotherapy of acting-out patientS. *Int. R. Psycho-Anal.*, 4, 13-21

Bird, B. (1957): A specific peculiarity of acting out. *J. Amer. Psychoanal. Assn.*, 5, 630-647

Blanck, G. & Blanck, R. (1974): *Angewandte Ich-Psychologie*. Stuttgart: Klett-Cotta, 1989

Blos, P. (1978): The concept of acting out in relation to the adolescent process. In: Rexford, E. (ed.): *A developmental approach to problems of acting out*. New York: Int. UP, 153-182

Blum, H. P. (1968): Childhood physical illness and invalid adult personality. *Int. J. Psycho-Anal.*, 49, 502-504

Boesky, D. (1982): Acting out: A reconsideration of the concept. *Int. J. Psycho-Anal.*, 63, 39-54

– (1989): In: McLaughlin, J. T. & Johan, M. (1992, reporter): Panel: »Enactments in psychoanalysis«. *J. Amer. Psychoanal. Assn.*, 40, 827-841

Brenner, Ch. (1969): Some comments on technical precepts in psychoanalysis. *J. Amer. Psychoanal. Assn.*, 17, 333-352

Bühler, K. (1934) *Sprachtheorie*. Jena: Fischer, 1965
Calef, V. (1968): Reports of discussions on acting out. *Int. J. Psycho-Anal.*, 49, 224-230
Chused, J. F. (1991): The evocative power of enactments *J. Amer. Psychoanal. Assn.*, 39, 615-639
Davies, J. M. (1994): Love in the afternoon: A relational reconsideration of desire and dread in the countertransference. *Psychoanal. Dial.*, 4, 153-170
Ekstein, R. & Friedman, S. W. (1957): The function of acting out, play action and play acting in the psychotherapeutic process. *J. Amer Psychoanal. Assn.*, 5, 581-629
Erard, R. E. (1983): New wine in old skins: A reappraisal of the concept »acting out«. *Int. R. Psycho-Anal.*, 10, 63-73
Fenichel, O. (1945a): *Psychoanalytische Neurosenlehre, Bd. III*. Freiburg i. Br.: Walter, 1977
– (1945b): Neurotisches Ausagieren. In: Fenichel, O. (1981): *Aufsätze, Bd. II*. Freiburg i. Br.: Walter, 340-349
Ferenczi, S. (1931a): Child-analysis in the analysis of adults. *Int. J. Psycho-Anal.*, 12, 468-482
– (1931b): Kinderanalysen mit Erwachsenen. In: Ferenczi, S. (1964): *Bausteine zur Psychoanalyse, Bd. III*. Bern: Huber, 490-510
Fichtner, D. (Hrsg.) (1992): *Freud und Binswanger. Briefwechsel*. Frankfurt am Main: Fischer
Freud, A. (1968): Über Agieren. In: *Die Schriften der Anna Freud, Bd. IX*. Frankfurt am Main: Fischer, 1987, 2451-2456
Freud, S. (1890a [früher 1905b]): Psychische Behandlung (Seelenbehandlung). GW, 5, 287-315
– (1900a): *Die Traumdeutung*. GW, 2/3
– (1901b): *Zur Psychopathologie des Alltagslebens*. GW, 4
– (1905c): *Der Witz und seine Beziehung zum Unbewußten*. GW, 6
– (1905e [1901]): Bruchstück einer Hysterie-Analyse. GW, 5, 161-286
– (1911b): Formulierungen über zwei Prinzipien des psychischen Geschehens. GW, 8, 229-238
– (1912b): Zur Dynamik der Übertragung. GW, 8, 363-374
– (1912e) Ratschläge für den Arzt bei der psychoanalytischen Behandlung. In: GW, 8, 375-387
– (1914g): Erinnern, Wiederholen und Durcharbeiten. GW, 10, 125-136
– (1916/17a [1915 - 17]): *Vorlesungen zur Einführung in die Psychoanalyse*. GW, 11
– (1919a [1918]): Wege der psychoanalytischen Therapie. GW, 12, 181-194
– (1926d [1925]): Hemmung, Symptom und Angst. GW, 14, 111-205
– (1933a [1932]): *Neue Folge der Vorlesungen zur Einführung in die Psychoanalyse*. GW, 15
– (1939a [1934-38]): Der Mann Moses und die monotheistische Religion. GW, 16, 101-246
– (1940a [1938]): Abriss der Psychoanalyse. GW, 17, 63-138
Gabbard, G. O. (1994): Sexual excitement and countertransference love in the analyst. *J. Amer. Psychoanal. Assn.*, 42, 1083-1106
– (1995): Gegenübertragung. Die Herausbildung einer gemeinsamen Grundlage. *Psyche - Z. Psychoanal.*, 53, 972-990, 1995
Garbarino, H. (1968): Contribution to symposium on acting out. *Int. J. Psycho-Anal.*, 49, 193-194
Glover, E. (1924): »Active therapy« and psycho-analysis: A critical review. *Int. J. Psycho-Anal.*, 5, 269-311
Greenacre, P. (1950): General problems of acting out. *Psychoanal. Q.*, 19, 455-467
Greenson, R. R. (1966): Comment on Dr. Limentani's paper. *Int. J. Psycho-Anal.*, 47, 282-285

– (1967): *Technik und Praxis der Psychoanalyse, Bd.1*. Stuttgart: Klett-Cotta, 1973
Grinberg, L. (1987): Dreams and acting out. *Psychoanal. Q.*, 56, 155-176
Heller, A. (1981): *Theorie der Gefühle*. Hamburg: VSA
Hockenberry, S. L. (1995): Dyadic violence, shame, and narcissism. *Contemp. Psychoanal.*, 31, 301-326
Hoffman, I. Z. (1992): Some practical considerations of a social-constructivist view of the psychoanalytic situation. *Psychoanal. Dial.*, 2, 287-304
Joseph, Th. J. (1986): On countertransference enactments. *J. Amer. Psychoanal. Assn.*, 34, 289-307
Katz, G. (1998): Where the action is: The enacted dimension of analytic process *J. Amer. Psychoanal. Assn.*, 46, 1129-1167
Kernberg, O. (1976a): Technical considerations in the treatment of borderline personality organization. *J. Amer. Psychoanal. Assn.*, 24, 795-829
Klüver, R. (1983): Agieren und Mitagieren. *Psyche – Z. Psychoanal.*, 37, 828-840
Kritzenberg, N. I. (1980): On patients' gift-giving. *Contemp. Psychoanal.*, 16, 98-119
Limentani, A. (1966): A re-evaluation of acting out in relation to working through. *Int. J. Psycho-Anal.*, 47, 274-282
Loewald, H. W. (1971): Some considerations on repetition and repetition compulsion. *Int. J. Psycho-Anal.*, 52, 59-66
– (1975): Psychoanalysis as an art and the fantasy character of the psychoanalytic situation. *J. Amer. Psychoanal. Assn.*, 23, 277-299
Lorenzer, A. (1970): *Kritik des psychoanalytischen Symbolbegriffs*. Frankfurt am Main: Suhrkamp
McLaughlin, J. T. (1991): Clinical and theoretical aspects of enactment *J. Amer. Psychoanal. Assn.*, 39, 595-614
Mead, G. H. (1934): *Geist, Identität und Gesellschaft*. Frankfurt am Main: Suhrkamp 1973
Paniagua, C. (1991): Patient's surface, clincial surface, and workable surface. *J. Amer. Psychoanal. Assn.*, 39, 669-685
Rangell, L. (1968): A point of view on acting out. *Int. J. Psycho-Anal.*, 49, 195-201
Renik, O. (1993): Analytic interaction: Conceptualizing technique in light of the analyst's irreducible subjectivity. *Psychoanal. Q.*, 62, 553-571
Rexford, E. (ed.) (1978): *A developmental approach to problems of acting out*. New York: Int. UP
Rosen, J. (1965): The concept of »acting-in«. In: Abt, L., Weissman, S. (eds.): *Acting out*. New York: Grund & Stratton, 184-201
Roughton, R. E. (1993): Useful aspects of acting out: Repetition, enactment, and actualization. *J. Amer. Psychoanal. Assn.*, 41, 443-472
– (1996): Acting and acting out. In: Moore, B. E. (ed.) *Psychoanalysis: The major concepts*. New Haven: Yale UP
Sandler, J. (1970): Acting out. Basis psychoanalytic concepts. *Brit. J. Psychiat.*, 117, 329-334
– (1976): Gegenübertragung und die Bereitschaft zur Rollenübernahme. *Psyche – Z. Psychoanal.*, 30, 297-305
– Dare, C. & Holder, A. (1996): *Die Grundbegriffe der psychoanalytischen Therapie*. Stuttgart: Klett (7. von Sandler, J. & Dreher, U. erw. u. überarb. Aufl.)
Spitz, R. A. (1956): Transference: The analytical setting and its prototype. *Int. J. Psycho-Anal.*, 37, 380-385
Stein, M. H. (1973): Acting out as a character trait – Its relation to the transference. *Psychoanal. St. Child*, 28, 347-364

Thomä, H. (1999): Zur Theorie und Praxis von Übertragung und Gegenübertragung psychoanalytischen Pluralismus. *Psyche – Z. Psychoanal.*, 53, 820-872
Waelder, R. (1925): The Psychoses: Their mechanisms and accessibility to influence. *Int. J. Psycho-Anal.*, 6, 259-281
Wood, E. C. (1968): Acting out viewed in the context of the psychotherapeutic hospital. *Int. J. Psycho-Anal.*, 49, 438-442
Zeligs, M. (1957): Acting in – A contribution to the meaning of some postural attitudes observed during analysis. *J. Amer. Psychoanal. Assn.*, 5, 685-706
Zetzel, E. (1970): In: Atkins, N. B. (1970): Action, acting out and the symptomatic act. *J. Amer. Psychoanal. Assn.*, 18, 631-643

Adresse der Autoren:
c/o Prof. Dr. med. Siegfried Zepf, Universitätskliniken des Saarlandes,
D – 66421 Homburg/Saar
s.zepf@rz.uni-sb.de

Wolfgang Loch zu Ehren*

Peter Wegner (Tübingen)

Wolfgang Loch. Eine Einführung in sein Werk

Wolfgang Loch, 1915 in Berlin geboren und 1995 im Alter von 79 Jahren verstorben, kann zu Recht als einer der wenigen herausragenden Lehrer der Deutschen Psychoanalytischen Vereinigung nach dem Zweiten Weltkrieg bezeichnet werden, die es vermochten, das Freudsche Erbe mit neueren Entwicklungen der Internationalen Psychoanalyse zu verbinden.

Er studierte von 1933 bis 1939 in Berlin Medizin, einschließlich einer Doktorarbeit am Pharmakologischen Institut, um dann am 30. August 1939 als Truppenarzt zum Militär eingezogen zu werden. Ab 1944 war er in amerikanischer Gefangenschaft und für drei Jahre bei Montreal/Kanada sowie in Mittelengland als Lagerarzt tätig. Es folgten ab 1947 der Abschluß der internistischen Facharztausbildung und Anstellungen an einer neurologisch-psychiatrischen Abteilung sowie einer psychiatrischen Landesklinik in Berlin, der Karl-Bonhoeffer-Nervenklinik. Teils suchend, teils zufällig kam Loch mit Arbeiten von Sigmund Freud, Melanie Klein und Gaetano Benedetti in Kontakt, die ihn nachhaltig beeinflussen sollten. Eine erste Analyse, für 150 Stunden, und der Tod des Vaters 1954 schufen die »innere Möglichkeit« (Loch, 1992), sich endgültig der Psychoanalyse zuzuwenden. Dank einer persönlichen Begegnung entschloß sich Loch schließlich, ab 1956 in Heidelberg an der Psychosomatischen Klinik, die Alexander Mitscherlich leitete, tätig zu werden. Seine Frau und seine drei Töchter begleiteten ihn. Neben der Atmosphäre bei Mitscherlich, »sie war offen, liberal, es gab keine Diskriminierungen« (Loch, 1992), konnte er endlich eine Verbindung zwischen klinischer Tätigkeit und dem Studium der Schriften Sigmund Freuds herstellen und sich einer hochfrequenten, wenn auch nicht sehr langdauernden Lehranalyse (5, teilweise 6 Wochenstunden) bei Margarete Mitscherlich unterziehen. In Heidelberg und später am Frankfurter Sigmund-Freud-Institut war er bemüht, viele ausländische Gäste kennenzulernen, die seine weitere Entwicklung beeinflussen sollten. Er selbst hebt hervor: Willi Hoffer, Michael und Enid Balint sowie Ludwig Eidelberg, Ezriel, René Spitz und Franz Alexander. Des weiteren: Béla Grunberger, Gerardus van der Leeuw, Pieter C. Kuiper, Jeanne Lampl-de Groot und, nicht zuletzt, Herbert Rosenfeld. Loch schreibt (1992): »Man wird sich heute kaum vorstellen können,

* Panel auf dem 42. Internationalen Kongreß der IPV in Nizza, 22.-27.7.2001.

auf welchem simplen Niveau die deutsche Psychoanalyse sich damals befand. Mit den Händen konnten wir ergreifen, was der Nationalsozialismus angerichtet hatte. Wir waren hoffnungslos zurückgeblieben …« Über diese Zeit bei Mitscherlich schrieb Loch (1992) aber auch: »Binnen kurzem, so möchte ich es ausdrücken, hatte mich die Psychoanalyse verschluckt.«

Es folgten für Jahre regelmäßige Besuche in London bei Enid und Michael Balint, sowie Studium und Praxis der Balint-Gruppen-Arbeit mit praktischen Ärzten. Schlußendlich erfolgte 1971 die Berufung auf den ersten Lehrstuhl für Psychoanalyse in Deutschland, nachdem er »als erster Wissenschaftler in Deutschland […] sich 1964 mit einem psychoanalytischen Thema sensu strictiori habilitiert« (Danckwardt, 1996) hatte, nämlich mit der Arbeit: *Voraussetzungen, Mechanismen und Grenzen des psychoanalytischen Prozesses* (Loch, 1965). Hans W. Loewald (1967) rezensierte diese Arbeit ausführlich in der *Psyche*: »Für mich als Analytiker, der in Deutschland aufgewachsen ist, aber seine psychoanalytische Ausbildung, wenn auch nicht sein Interesse an der Psychoanalyse, in den Vereinigten Staaten erworben hat und dessen Wirkungsfeld dort liegt, ist es eine Genugtuung zu sehen, daß es nun auch in Deutschland wieder möglich ist, Psychoanalyse zu treiben.«

Loch wurde 1982 emeritiert und zog sich vorbildlich von allen Ämtern in der Deutschen Psychoanalytischen Vereinigung und der Arbeitsgemeinschaft Stuttgart/Tübingen zurück. Diese »Kunst des Abschieds« (*Schwäbisches Tagblatt* vom 02.02.1982) ist ein tragfähiges Beispiel für die Authentizität Wolfgang Lochs, dessen psychoanalytisches Verstehen vor seiner Person nicht halt machte. Seine Abschiedsvorlesung hatte den Titel: *Psychoanalytische Bemerkungen zur Krise der mittleren Lebensphase – depressive Position – Tod.*

Das Ordinariat an der Tübinger Medizinischen Fakultät hatte Loch nicht nur die Möglichkeit eröffnet, sich vertiefenden psychoanalytischen Studien zu widmen, sondern auch die internationalen Kontakte – die der deutschen Psychoanalyse so gefehlt hatten – voranzutreiben: »Seit 1956 habe ich mich für viele, viele Jahre ausschließlich mit Freud und der Psychoanalyse befaßt«, unterstützt von Freunden, die regelmäßig nach Tübingen kamen, Vorträge und klinische Seminare abhielten: Loewald, Turquet, Thorner, Limentani, Padel und Khan (Loch, 1992). Nicht zuletzt deshalb nannte ihn Hermann Beland »das Gesicht der deutschen Psychoanalyse nach draußen« (*Frankfurter Rundschau*, 22.05.1990).

Ab Ende der siebziger Jahre intensivierte Loch seine philosophischen Studien, weil, wie er zusammenfassend schreibt, »mir klar wurde, daß eine hermeneutische, allerdings nicht nur sinnauslegende, sondern auch sinnschaffende und so das Subjekt neu konstituierende Wissenschaft – und als eine solche verstehe ich die Psychoanalyse im wesentlichen, ohne dabei biologische und soziologische Kausalfaktoren zu verkennen oder zu vernachlässigen – dringend einer philosophischen Besinnung bedarf. In dieser Hinsicht verdanke ich Kant und Hegel und manchen Dialogen Platons sowie den Werken Aristoteles' Entscheidendes. Hinzu kommt, daß mich seit vielen Jahrzehnten immer wieder die Philosophie Wittgensteins fasziniert und beeindruckt hat.« (Loch, 1992)

Neben diesen Forschungen, der ausgedehnten Lehrtätigkeit für die Deutsche Psychoanalytische Vereinigung und die Medizinische Fakultät der Universität Tübingen, sowie den vielfältigen Funktionen in der Europäischen und Internationalen Psychoanalytischen Vereinigung, hat Wolfgang Loch bis zu seinem Tode nie aufgehört, mit hoher Frequenz praktisch psychoanalytisch zu arbeiten.

»Er war von 1972 bis 1975 Vorsitzender der Deutschen Psychoanalytischen Vereinigung und seit 1990 ihr Ehrenmitglied. Von 1972 bis 1975 war er Vizepräsident der Internationalen Psychoanalytischen Vereinigung und von 1981 bis 1983 ernannter Sekretär für Europa im Vorstand der Internationalen Psychoanalytischen Vereinigung. Das sind auf dem Wege der ›Renaissance‹ der Psychoanalyse in Deutschland ehrenvolle Plätze, die Wolfgang Loch verantwortungsbewußt planend und gestaltend wahrgenommen hat.« (Danckwardt, 1996, 22-25)

Seine erste psychoanalytische Publikation erschien erst 1960, als er bereits 45 Jahre alt war. Es sollten über 100 weitere Arbeiten folgen, die von Eickhoff (1995) in einer »Art Kommentar zu seinem Werkverzeichnis« nachgezeichnet wurden.

Er hatte eine besondere Fähigkeit, im Sinne der Überdeterminiertheit (Waelder, 1930) seelischer Phänomene, vielschichtig kontaminiert zu schreiben und aufwendig zu zitieren, dabei immer einen *Rest* anzuerkennen, der noch nicht verstehbar sein mochte oder nicht verstehbar sein kann (vgl. der »incommunicato«-Kern bei Winnicott). Das gleichzeitige Im-Blick-haben ödipaler und präödipaler Konfliktstrukturen, wie es in der neuesten Literatur wieder aufgegriffen wurde (vgl. z.B. Britton, 1992; Bollas, 1996), durchzieht seine Arbeiten, und er ist damit, ohne daß dies genügend gewürdigt wurde, zumindest in Deutschland seiner Zeit weit voraus gewesen.

Loch konnte wortgewaltig und gleichzeitig schwer zugänglich sein. »Die Vermittlung psychoanalytischer Erfahrung gelang ihm durch nichts so gut wie durch seine unnachahmlichen Diskussionsbemerkungen.« (Beland, 1990) Er konnte im klinischen Umgang sehr einfach sprechen und im wissenschaftlichen Diskurs anspruchsvoll-dialektisch formulieren. Der Analytiker müsse »praktisch werden wie die Kinder – aber dann schleunigst wieder ein bißchen schlauer« (*Schwäbisches Tagblatt*, 07.11.1996), hat er einmal formuliert. Häufig verließ man ihn mit dem Gefühl, an einem existentiellen Nachdenken beteiligt gewesen zu sein. Er vermittelte und vermochte auszuhalten, daß wir nicht alles wissen und deswegen mutig fragen können. Es ist kaum zu beschreiben, wie wichtig seine darin zum Ausdruck kommende Liberalität für die Entwicklung der Psychoanalyse in Deutschland, ab den sechziger Jahren des letzten Jahrhunderts, war. Obwohl häufig als streng empfunden und mit der Sprache des Vaters, des Gesetzgebers, identifiziert, hatte Loch im klinischen Umgang eine berührende und nachhaltige Fähigkeit, dem Wunsch nach fürsorglicher Mütterlichkeit psychoanalytisch gerecht zu werden. Theoretisch hat er sich selber manchmal, dabei seine Bedeutung herunterspielend, als »Independent« gekennzeichnet.

Vor allem die Rezeption des Wissens über sogenannte frühe Störungen bzw. »Grundstörungen« (Michael Balint) hat seine Lehr- und Forschungstätigkeit ausgezeichnet, und er hat vielen von uns die Scheu und die Scham genommen, die aufregenden Fortschritte der Psychoanalyse der Objektbeziehungen im Ausland begierig aufzugreifen. Kaum einer zu dieser Zeit hat so konsequent mit Überzeugung die Wechselseitigkeit von Übertragung und Gegenübertragung im psychoanalytischen Prozeß ernstgenommen und zum Zentrum der therapeutischen Arbeit gemacht. Und kaum ein Vertreter der Deutschen Psychoanalyse hat so früh die Gegenübertragung als einen therapeutisch bedeutsamen Hintergrund für die Entstehung mutativer Deutungen ausformuliert und praktiziert (vgl. Jappe und Nedelmann, 1980).

Zwei größere Arbeiten Wolfgang Lochs sind ins Italienische übersetzt worden (1975 und 1979), und im Englischen erschien die wichtige Arbeit »Some Comments on the Subject of Psychoanalysis and Truth« in einem Sammelband (1977).

Loch hat keine Schule begründet, worauf er in besonderer Weise Wert legte, aber die Impulse, die er gab, und seine aufregende Fähigkeit, im Diskurs mit Kollegen und Schülern sein zu können, spiegeln sich unter anderem in Publikationen zu seinem 60., 65. und 80. Geburtstag wieder (Goeppert, 1975; Jappe und Nedelmann, 1980; Haas und Jappe, 1995) sowie in den Vorträgen zur akademischen Trauerfeier an der Eberhard-Karls-Universität Tübingen (Henseler, 1996).

Literatur

Beland, H. (1990): Eröffnung der Tagung. In: Gutwinski-Jeggle, J. und Wegner, P.: *Erleben und Deutung. Ästhetik und Ratio. Arbeitstagung der DPV, 1990.* Frankfurt. DER CONGRESS, 2-6

Bollas, C. (1996): Figures and their Functions: On the oedipal Structure of a Psychoanalysis. *Psychoanal. Quart.*, LXV, 1-20

Britton, R. (1992): The Oedipus Situation and the Depressive Position. In: Anderson, R. (Hrsg.): *Clinical Lectures on Klein and Bion.* The New Library of Psychoanalysis, 14, London: Routledge, 34-45

Danckwardt, J. F. (1996): Gedenken an Wolfgang Loch. In: Henseler, H. (Hrsg.): *»... da hat mich die Psychoanalyse verschluckt.«* Tübingen: Attempto, 22-25

Eickhoff, F.-W. (1990/1995): Versuch einer Würdigung des wissenschaftlichen Werkes Wolfgang Lochs. In: Haas, J.-P. und Jappe, G. (Hrsg.): *Deutungsoptionen*. Tübingen: edition diskord, 439-459

Goeppert, S., Hrsg. (1975): *Die Beziehung zwischen Arzt und Patient. Zur psychoanalytischen Theorie und Praxis.* München: List

Haas, J.-P. und Jappe, G., Hrsg. (1995): *Deutungs-Optionen. Für Wolfgang Loch.* Tübingen: edition diskord

Henseler, H., Hrsg. (1996): *»... da hat mich die Psychoanalyse verschluckt.« In memoriam Wolfgang Loch.* Tübingen: Attempto

Jappe, G. und Nedelmann, C., Hrsg. (1980): *Zur Psychoanalyse der Objektbeziehungen.* Stuttgart: frommann-holzboog

Loch, W. (1965): *Voraussetzungen, Mechanismen und Grenzen des psychoanalytischen Prozesses.* Bern: Huber

Loch, W. (1975): *Psicoanalisi medica. La teoria della malattia nella psicoanalisi.* Milano: Feltrinelli [ital. Übs. v.: *Krankheitslehre der Psychoanalyse* (1967), enthält die erweiterte und verbesserte Fassung des Kapitels »Grundriß der psychoanalytischen Theorie«]

– (1977): Some Comments on the Subject of Psychoanalysis and Truth. In: Smith, J. H. (Hrsg.): *Thought, Consciousness and Reality.* New Haven/London, 217-255

– (1979): *Premesse e Meccanismi del Processo Psicoanalytico.* Torino: Boringhieri

– (1992): Mein Weg zur Psychoanalyse. Über das Zusammenwirken familiärer, gesellschaftlicher und individueller Faktoren. In: Hermanns, L. M. (Hrsg.): *Psychoanalyse in Selbstdarstellungen.* Band I, Tübingen: edition diskord, 203-236

Loewald, H.W. (1967): Buchbesprechung zu: »Voraussetzungen, Mechanismen und Grenzen des psychoanalytischen Prozesses«. In: *Psyche*, 21, 288-295

Waelder, R. (1930): Das Prinzip der mehrfachen Funktion. Bemerkungen zur Überdeterminierung. In: *Int. Z. f. Psychoanal.*, XVI, Heft 3/4, 285-300

Adresse des Autors:
Dr. rer. soc. Peter Wegner, Pfalzhaldenweg 16, D-72070 Tübingen
Wegner@t-online.de

Josef Dantlgraber (Tübingen)

Wolfgang Loch: Die Kunst der Deutung

Wolfgang Loch gilt gemeinhin als bedeutendster Theoretiker der Psychoanalyse in Deutschland nach dem Krieg. Er verstand es, die Theorien der wichtigsten zeitgenössischen analytischen Autoren zu rezipieren, das heißt, sie produktiv zu durchdenken, mit eigenen Überlegungen und mit Erkenntnissen wichtiger Nachbarwissenschaften – insbesondere der Philosophie – zu verbinden. Was ihm davon wesentlich erschien, verknüpfte er mit Freuds Gedankenwelt, um dadurch die Kontinuität der Psychoanalyse zu bewahren. Lochs Werk ist komplex; im Gegensatz zu vielen Autoren, die den analytischen Prozeß bzw. bestimmte pathologische Strukturen unter einem ganz spezifischen Gesichtspunkt verstehen und strukturieren, ging es Loch immer darum, »die Theorie der Psychoanalyse als Ganzes« (Nedelmann, 1996, S. 48) darzustellen. Er legte freilich immer großen Wert darauf, daß Freuds Theoriegebäude als offenes System erhalten bleibt. Die Komplexität von Lochs Werk macht es allerdings nicht leicht, das spezifisch Essentielle daran herauszustellen. Wenn ich mich dieser Aufgabe stelle, ist mir bewußt, wie sehr meine subjektive Rezeption in diese Darstellung miteingeht.[1] Ich konzentriere mich vorzugsweise auf jene theoretischen Vorstellungen Lochs, die m. E. von besonderer klinischer Relevanz sind.

Ich werde kurz auf seine *Theorie der Gegenübertragung eingehen* und mich dann seiner *konstruktivistischen* (Eickhoff, 1996) und seiner *perspektivischen Position* (wie ich sie nennen möchte) zuwenden. Beide theoretischen Positionen sind eng mit der von Loch hervorgehobenen Bedeutung des Dritten für die psychoanalytische Methode verbunden.

Die Gegenübertragung als Basis der psychoanalytischen Methode

Die Eigenart der Methode von Loch charakterisiert Werner Bohleber als eine Synthese aus Ich-Psychologie, Objektbeziehungstheorie und Hermeneutik (Bohleber, 2001, S. 26). Er zeigt, wie Loch aus den hermeneutischen Einsichten über das Fremdseelische eine psychoanalytische Theorie der Gegenübertragung entwickelt hat. Die Worte, beziehungsweise das Verhalten eines Analysanden in der analytischen Situation sind als Reaktionen auf ein Verhalten seiner primären Beziehungspersonen zu verstehen, die nun übertragen werden. Damit verweisen sie auf eine vergangene Objektbeziehung, die aber noch unbekannt ist. Um den Patienten verstehen zu können, muß der Ana-

1 Eickhoff (1990) gibt einen ausgezeichneten Abriß über die Werke von Loch.

lytiker ein Gefühl für jenes Verhalten der primären Bezugspersonen bekommen, auf das der Analysand antwortet. Somit stellt die Gegenübertragung des Analytikers eine Versuchsidentifizierung mit der ursprünglichen Übertragung der *significant others* auf den Patienten dar. Mit anderen Worten: Die Übertragung des Patienten ist ursprünglich seine Antwort auf die Übertragung seiner primären Beziehungspersonen, und die Gegenübertragung des Analytikers entspricht der ursprünglichen Übertragung der Beziehungspersonen des Patienten. Demnach ist es eine Vorbedingung für das Entstehen des analytischen Prozesses, daß eine Gegenübertragung bei dem Analytiker entsteht; denn wenn keine Gegenübertragung entsteht, kann nicht analysiert werden (Loch, 1965, S. 45). Mit dem Entstehen der Gegenübertragung ist selbstverständlich erst der Anfang getan: Der Analytiker muß in die Lage kommen, die besondere Art der Übertragungs-Gegenübertragungs-Beziehung zu reflektieren, damit sie Grundlage für eine Deutung werden kann. Diese Andeutungen mögen genügen, um deutlich zu machen, daß für Loch die Gegenübertragung Vorbedingung aller Verstehensprozesse ist; sie gilt als eines der entscheidenden analytischen Werkzeuge.

Die konstruktivistische Position

Deutung und Wahrheitsgehalt

Für Loch ist der Mensch ein zu interpretierendes Wesen. Er geht von Freuds Diktum aus, daß jede verbale wie averbale Äußerung, jede psychische Schöpfung Bedeutung, also Sinn hat (Freud, 1910c, S. 154). Bedeutung-Haben gebraucht Loch synonym für Seelisch-Sein. Da diese Bedeutung nicht unmittelbar erkennbar ist, muß sie erschlossen werden. Mit Heidegger gesprochen, muß sie aus der Verborgenheit ins Unverborgene geholt werden, und das geschieht mit der Deutung. Die Psychoanalyse ist demnach eine Deutungswissenschaft, insofern steht die Deutung weiterhin im Zentrum des psychoanalytischen Geschehens.

Der Analytiker sieht die pathologischen seelischen Manifestationen eines Patienten als chiffrierte Mitteilungen eines zu interpretierenden Textes an. Er hat die Aufgabe, die abgewehrten, geheimen Motive des Analysanden zu erschließen, die dessen irrationales Handeln determinieren. Darüber hinaus geht es darum, eine sinnvolle Verbindung von diesen geheimen Motiven bis hin zum pathologischen Kern herzustellen. Deutungen werden vom Analytiker mittels Verbalisation eingeführt und kommen durch Denk- und Interpretationsvorgänge zustande. Loch spricht von *Deutungs-Kunst* (Loch, 1993) und versteht darunter ein innovatives, schöpferisches Unterfangen, das Zusammenhänge nicht nur aufdeckt, sondern solche konstruiert; sie sind »eine Sinnfindung, eine Sinnkonstruktion und damit niemals etwas ›Vorgegebenes‹« (Loch, 1988b, S. 58). Deutungen zielen also nicht auf eine Wahrheit ab, die einen historischen Charakter hat, sondern sie sind der Versuch, »im Dienste der Kohärenz des Selbst« eine Wahrheit zu konstruieren, »die ihrerseits für die Gegenwart wie für die Zukunft des Subjekts unabdingbar ist« (Loch, 1976, S. 885).

Genau genommen können Deutungen nur Konstruktionen sein, weil auch die den Deutungen zugrunde liegenden Mitteilungen des Patienten schon Konstruktionen sind; was immer der Patient über sich und über seine Vergangenheit erzählt, entspricht niemals Punkt für Punkt dem, was er tatsächlich erlebt hat, sondern wird stets aus der momentanen Situation heraus interpretiert – und das schon vor jeder Intervention des Analytikers. Wenn Übertragung und Gegenübertragung Wiederholungen von Handlungsmustern in der Gegenwart mit einem anderen Objekt sind, dann müssen sich die Deutungskonstruktionen trotzdem auf eine Wahrheit beziehen, die in der Vergangenheit ihren Ursprung hat. Diese Wahrheit wird zwar durch Stimuli, die in der analytischen Gegenwart ihren Ursprung haben, neu belebt und dadurch verändert. Die in der psychoanalytischen Situation sich herstellende Übertragung ist aber zumindest ein Abbild der Originalübertragung, so daß die aktuelle Beziehungskonstellation in ihrer Struktur weitgehend der aus der infantilen Welt stammenden entspricht. Loch bezieht sich hier auf Freuds Vorstellung von einem »historischen Wahrheitskern« (Loch, 1988b, S. 67). Psychoanalytische Interventionen in Verbindung mit dem so wichtigen Durcharbeiten vermitteln dem Analysanden ein neues Sprachspiel im Sinne Wittgensteins,[2] d.h. eine neue Lebensform. Das psychoanalytische Geschehen lehrt den Analysanden die Methode des analytischen Denkens als eine Lebensform im soeben genannten Sinne. Im Rahmen dieses Sprachspiels kann der Patient sein bisheriges (letztlich pathogen wirkendes) Erklärungsschema für seine vergangenen Erfahrungen und Traumen aufgeben und gemeinsam mit dem Analytiker einen anderen Bedeutungszusammenhang im Hinblick auf sein zukünftiges Leben schaffen, der *existenztragend* ist (Loch, 1988b, S. 71).

Innovativ ist eine Deutung dann, wenn sie vom Analysanden aufgenommen wird und *wahr* ist. Der Wahrheit, um die es sich hier handelt, ist ein Konsensbegriff unterlegt. Die Psychoanalyse sucht also nach einem pragmatischen Konzept der Wahrheit, die durch gegenseitige Übereinstimmung zwischen Analytiker und Analysand zustandekommt (Loch, 1974, S. 445; vgl. auch Eickhoff, 1996, S. 68). Auf diese Weise schafft die Deutung eine von beiden geteilte Realität.

Eine rein verbale Akzeptanz der Deutung durch den Patienten sagt allerdings noch nichts aus; erst wenn der Patient seinen Erlebnissen eine andere Bedeutung zuschreibt und sein Handeln danach ändert, hat eine Deutung

2 Das Sprachspiel hat eine soziale Bedeutung, weil Grammatik und Logik Ausdruck von Lebensformen sind.

mutativen (Strachey, 1934) Charakter. Entscheidend ist also, ob die Deutung zu einem bestimmenden Beweggrund wird, der dann zu einer praktischen Konsequenz für seine Lebensexistenz führt – dann kann Deutung zu seiner »Über-Zeugung« werden (Loch, 1988b, S. 60).

Der Bezug zum Bereich des »Sinnlichen«

Wie ist es aber möglich, daß der Analytiker eine Bedeutung konstruiert, die es so nicht gab, bevor die analytische Beziehung begann? Die analytische Beziehung basiert, so sah es schon Freud, auf einer Kommunikation des Unbewußten des Patienten mit dem Unbewußten des Analytikers. Sie setzt das wechselseitige Spiel der Gefühle von Analysand und Analytiker in Gang. Diese Sichtweise der analytischen Beziehung geht bekanntlich auf Ferenczi zurück und findet bis in die heutige Zeit immer neue theoretische Konzeptualisierungen. Erinnert sei nur an die *Rollenübernahmebereitschaft* (J. Sandler), an die *szenische Funktion des Unbewußten* (Argelander), an den *Handlungsdialog* (R. Klüwer) und an *enactment* (Th.J. Jacobs) bzw. an *envolvement* (M. Feldman). Gemeint ist, daß sich der Analytiker auf den Patienten einlassen, dessen Projektionen und Rollenzuweisungen annehmen kann und bei sich projektive Identifizierungen zuläßt. Auch für Loch gilt, daß die Ereignisse im psychoanalytischen Prozeß ihren Ursprung in der Interaktion zwischen Analysand und Analytiker haben. Daraus entstehen die emotionalen Reaktionen und Zustände der beiden Partner des psychoanalytischen Dialogs, die beiden ein Gefühl der Realität vermitteln.

Die den Deutungen zugrunde liegenden psychoanalytischen Elemente müssen bei beiden Partnern des psychoanalytischen Dialogs einen Bezug zum Bereich des »Sinnlichen« haben, also die Sinnesorgane affizieren. Emotionen und Affekte müssen zum Wort hinzutreten; das bedeutet, daß das analytische Material durch den emotionalen Kontakt zwischen Analysand und Analytiker ein direkte Evidenz erhält. In der Konkretheit des Erlebens machen die Emotionen alles Geschehen erst überzeugend *wahr* (Loch, 1988b, S. 47). Die Wahrheit manifestiert sich also in und aus der *Wirklichkeit des gemeinsamen Erlebens.*

Damit eine Deutung mutativ wirken kann, ist demnach folgendes für Loch essentiell wichtig: In der analytischen Beziehung müssen die intendierten Übertragungsobjekte und deren Beziehungsstrukturen und die mit ihnen korrelierten Gefühle strukturell übereinstimmen. Loch sagt, daß eine Deutung den aktuellen Konstitutionsbedingungen des Ich angepaßt sein muß – und das impliziert den Bezug zur gerade aktuell eingestellten psychogenetischen Entwicklungsstufe. Sie soll »mit einer spontanen Triebregung des Patienten synchron und ... mit der Modalität dieser Triebregung isomorph sein« (Loch, 1988b, S. 60). Folglich kommt es in der psychoanalytischen Interaktion immer auch zu einer gemeinsamen Trieberfahrung. Das muß auch so sein, weil in der Übertragung und Gegenübertragung jene Objekte reaktiviert werden, die durch konkrete – von den aktivierenden Triebmodalitäten bestimmte – Handlungsvollzüge konstituiert wurden.

Loch erwähnt eine kleine Fallvignette (Loch, 1982, S. 105f), die ich verkürzt wiedergeben möchte, um zu verdeutlichen, was er mit gemeinsamer Trieberfahrung meint. Es handelt sich um eine Supervision eines Erstinterviews. Eine etwa dreißigjährige Patientin kam sehr echauffiert, mit flammender Röte im Gesicht zu einer Analytikerin. Sie wirkte sehr aufgeregt, zittrig und durcheinander. Als sie Platz genommen hatte und die Analytikerin sie fragte, was sie für sie tun könne, stieß diese hervor: »Ich werde alles machen, was Sie mir vorschlagen.« Pause. In diesem Moment hatte die Analytikerin das Gefühl, als sei sie aus dem Sattel gehoben worden und in den Sand gefallen. Die Analytikerin fragte sich, was es mit ihrer verrückten Reaktion auf die Äußerung der Patientin auf sich habe, und sagte dann zu ihr: »Wissen Sie, was immer Sie mir sagen möchten, ich habe gar keine Angst.« Daraufhin entspannte sich die Patientin, zitterte nicht mehr und ihre Röte entwich aus dem Gesicht. Dann erzählte sie etwas, das sie noch niemandem gesagt hatte und das für sie außerordentlich traumatisch war. Das war der Beginn eines sehr fruchtbaren Erstgesprächs.

Was hat sich in dieser kurzen Phase ereignet? Nach Loch erlebte die Patientin das traumatische Ereignis als unerträglich und projizierte ihr Gefühl in die Analytikerin, für die es dann auch genauso unerträglich sein müßte. Tatsächlich traf sie diese Projektion so, daß es sie, metaphorisch gesprochen, *aus dem Sattel warf*. Die Analytikerin konnte die Wucht des negativen Affekts aushalten und ihn für sich symbolisieren; es handelte sich um einen Vorgang, den man in der Sprache von Bion ein ›Entgiften‹ nennen kann. Daraufhin fand sie eine Intervention, die zu einer Entspannung bei der Patientin führte. Entscheidend an dieser Situation ist aber, daß sich die Analytikerin von diesem affektiven Geschehen, das ein Triebgeschehen ist, affizieren ließ.

Psychische Prozesse sind also dann wirksam, wenn sie sich bei Analysand und Analytiker auf derselben psychischen Funktionsstufe abspielen und auf diese Weise »als konkrete, externe Wirklichkeit erfahren werden« (Loch, 1988b). Folglich ist es nicht so entscheidend, wie die Deutung formuliert wird, sondern es geht vor allem um die Atmosphäre, die Lebenssituation, die durch die Interpretation geschaffen und von beiden bestätigt wird. Das verbale und averbale Verhalten des Analytikers muß mit dem übereinstimmen, was seine Deutungen offenbaren; nur dann kann sie der Patient als authentisch und *real* erleben.

Bedingungen zur Veränderung des Selbst

Für Loch ist psychoanalytisches Vorgehen dadurch gekennzeichnet, daß die *Übertragung* wiederum *als Widerstand* aufgefaßt wird. Schreitet die Analyse immer weiter fort, stößt sie von höherstufigen Übertragungs-Ebenen auf die dadurch abgewehrten eines tieferen entwicklungsgeschichtlichen Niveaus. Wenn durch Übertragungsdeutungen sukzessiv verschiedene Übertragungsebenen aufgelöst werden, führt das schließlich zur Besetzung und Aktivierung des primären Liebesobjekts. Alle Abwehrmaßnahmen des Ich sind auf die Kontinuität des Kern-Selbst gerichtet, das aufs engste mit diesem primären Liebesobjekt verbunden ist. Solange Abwehrmechanismen analysiert und dadurch aufgehoben werden, die eine Verurteilung des Triebs durch das Über-Ich zum Ziel hatten, verändert sich das primäre Selbst nicht; das Ich dient ihm nach wie vor. Erst wenn die Analyse Abwehrformationen erreicht, die das Wiedererleben eines schweren (in Verbindung mit dem primären Liebesobjekts stehenden, meist kumulativen) Traumas verhindern sollen, kann es zu Veränderungen des Selbst kommen.

Dabei müssen wir uns aber vor Augen halten, daß das Ich ursprünglich durch das Trauma mit Reizen konfrontiert wurde, die es nicht zu integrieren vermochte; es geriet in die traumatische Situation der Hilflosigkeit, die durch Objektlosigkeit (Objekt-Verlust) charakterisiert ist. Zur Eindämmung der Angst vor dem traumatischen objektlosen Zustand kommt es zu einer intensiven Besetzung der Elternfigur. Wenn nun der Patient durch die Arbeit an der Übertragung als Widerstand auf dieser Erlebensschicht der basalen Objektbedürftigkeit angekommen ist, besetzt er den Analytiker als primäres Objekt (Stone, 1961). Werden nun Abwehrschritte gedeutet, die diese Verbindung aufrechterhalten, dann kommt es zu einer Aufhebung der Primärobjekt-Übertragung. Die Folge ist ein Objektverlust, der eine Gefahrensituation, bisweilen sogar eine traumatische Situation im analytischen Prozeß herstellt, weil es zu einer Negierung der Objektbeziehung kommt, mit der Patient und Analytiker über Übertragung und Gegenübertragung verbunden sind.

Loch gibt ein Beispiel (Loch, 1988c, S. 42f.), um das Wiederauftauchen des frühen Objektverlustes durch Analyse der Übertragung als Widerstand zu demonstrieren. Eine Patientin kam in die psychoanalytische Behandlung wegen ihrer sehr einschränkenden Zwangsimpulse, eines ihrer Kinder und ihren Mann zu töten. Sie hatte in ihrer Lebensgeschichte eine Reihe schwerer Traumata erlitten. Das entscheidende Trauma ereignete sich in ihrem dritten Lebensjahr, als sie nachts von einem Krankenwagen in die Klinik gebracht wurde und dort sechs Wochen lang bleiben mußte, an Armen und Beinen festgebunden. Durch diese schwere Traumatisierung wurde die Repräsentanz des primären Objekts zerstört. In der sehr langen Analyse hatte die Patientin zuerst eine sado-masochistische Übertragung inszeniert. Infolge eines notwendig gewordenen Krankenhausaufenthalts, in der sie Unbeweglichkeit erdulden mußte, tauchte ein Bewußtsein jenes Traumas während der Behandlung erstmals auf. Das Entsetzen und die Panik wegen des Angebundenseins kam in die Übertragungssituation und wurde hier bearbeitet. Als aber allmählich die Symptome deutlich abnahmen, »sagte sie: ›Na ja, es ist natürlich gut, daß die Symptome zurückgegangen sind, aber glauben Sie mir, die Zustände, die jetzt in mir auftauchen, sind schlimmer als die Symptome‹; und das war das Nichts, in das sie hineinfiel« (ebd.). In dieser analytischen Situation ging es nun darum, der Patientin zu helfen, dieses Nichts auszufüllen.

Deutung und Objektbeziehung

Auf welche Weise dieses Nichts ausgefüllt werden kann, betrifft eine behandlungstechnisch bedeutsame Frage: Wie kann dem Analysanden beim Wiederauftauchen des frühen Objektverlustes geholfen werden? Loch war von Balints (Balint, 1968, S. 210) Auffassung überzeugt, daß die Objektbeziehung als gleichwertiges therapeutisches Mittel neben der Deutung anzusehen ist. Während den Deutungen die Aufgabe zufällt, die sich in der Übertragungssituation manifestierenden pathogenen Objektbeziehungen aufzulösen (infolgedessen es zu den soeben dargestellten Objektverlusten kommt), wirkt die Arbeit mit der Objektbeziehung im Sinne Balints durch die *invarianten* Objektbeziehungen, wie sie Loch bezeichnet (Loch, 1991, S. 23ff.). Diese sind Einstellungen *(Haltungen)* des Analytikers, die mittels Interpretation nicht aufzuheben sind; sie bestimmen aber die unausgesprochenen Deutungsperspektiven des Analytikers (die *Vertices* im Sinne von Bion) und finden ihren Ausdruck in der Formulierung der Deutung. Neben dem Setting sind sie der Hintergrund der psychoanalytischen Kur; sie umfassen ein Ensemble von Beziehungsformen, die es ermöglichen, den seelischen Schmerz beim Wiederauftauchen des frühen Objektverlustes erträglicher zu machen. Es würde an dieser Stelle zu weit führen, die von Loch genannten invarianten Objektbeziehungen ausführlich zu beschreiben. Erwähnt sei nur die Realpräsenz des Analytikers, die in Phasen des durch Deutung ausgelösten Objektverlustes besonders wichtig ist und das Vorherrschen einer milden erotischen Übertragung (Freud, 1912a, S. 371). Letztere bestätigt durch ihren averbalen Charakter die primäre Identität. (Loch weist allerdings darauf hin, daß diese invarianten Objektbeziehungen auch als Widerstand benutzt werden können [Loch, 1993, S. 94, Fußn. 31]). Er plädiert für die Haltung eines nicht-intrusiven, »unaufdringlichen Analytikers«, der darauf achtet, daß die Objektverlustangst bei Übertragungsdeutungen nicht maximal sein darf. Zudem muß der Analytiker den Schmerz über den Objektverlust, den ihm der Analysand über projektive Identifizierung übermittelt, in sich aushalten (d.h. damit allein sein können). Mit dieser Fähigkeit des *containing* (Bion) kann sich dann der Analysand identifizieren, so daß sich seine Schmerztoleranz erhöht.

Bedeutsam sind die invarianten Objektbeziehungen besonders dann, wenn es in der Analyse nicht um eine Dekonstruktion der Abwehr geht, sondern um Erinnerungsspuren von Ereignissen, die sich vor dem Spracherwerb zugetragen haben (a.a.O., S. 93). In diesen Dimensionen geht es um den Bereich des *Neubeginns* (Balint, 1968, S. 175). Der Analytiker gewährt in dieser Phase dem Analysanden ohne Worte diejenige Objektbeziehung, die dieser in seinem regressiven Zustand braucht. Er kann die gerade benötigte Objektbeziehung nur mit Hilfe seiner eigenen aktuellen emotionalen Gestimmtheit erraten. Neben dieser Nutzung der therapeutischen Regression und der Empathie ist auch der Umgang mit Übergangsobjekten und mit dem Möglichkeitsraum (Winnicott, 1951) besonders wichtig. Letztlich ist aber doch die adäquate Deutung die eigentlich wirksame Antwort auf die Regression des Patienten. Deutungen in diesen Phasen haben den Charakter von *Sinnstiftungen* (Loch, 1993, S. 93).

Damit sich reifere Objektbeziehungen entwickeln können, müssen Deutungen zur Aufhebung der Bindung an ein infantiles (Trieb-)Objekt führen. So ist die Konstitution des Selbst (Ich-Selbst) an den Verlust des Objekts gebunden. Aber nur, wenn der mit dem Verlust des Objekts gekoppelte seelische Schmerz ausgehalten wird, kann die sinnliche Erfahrung, die in der Interaktion mit diesem Objekt gemacht wurde, in symbolische Repräsentanz überführt werden. Gelingt das nicht, bleibt der Patient an seine primären Beziehungsweisen starr gebunden und kann deshalb keine neuen Objekte triebhaft besetzen. Das ist aber Voraussetzung, daß neue Objekte für den Patienten einen »erotischen Wirklichkeitssinn« (Ferenczi, 1913) besitzen, um ihn in einer lebendigen, auf die Zukunft gerichteten Weise zu verankern. Auch die Entstehung von Gedanken ist an das Aushalten des Schmerzerlebens gebunden; Loch erinnerte stets an diese wegweisende Idee von Bion (Bion, 1962).

Die Funktion des Dritten

Im Zentrum von Lochs Denken stand immer die Bedeutung des Dritten für die psychoanalytische Methode. Grundsätzlich ist für ihn das erklärende Vorgehen triangulär strukturiert. Analog zur therapeutischen Ich-Spaltung (Sterba, 1934) ist der Analytiker in zwei Beziehungsfiguren aufgespalten: In das aktuelle Übertragungsobjekt und in das Objekt, das durch die Einnahme einer exzentrischen Position[3] die Art der Übertragung explizit macht, um sie benennen zu können. Als Übertragungsobjekt ist er Mitakteur im inszenierten Beziehungsmuster. In der beschreibenden, interpretierenden Beobachterrolle ist er die »dritte Person«. Zwischen diesen beiden Positionen oszilliert der Analytiker. Nur in der Position des Dritten vermag er zu interpretieren, während er sich als Übertragungsobjekt mit dem Patienten in emotionaler Verwicklung befindet (Loch, 1988b, S. 62). Aber auch Deutungen, soweit sie fruchtbar sind, versteht Loch als Geburt eines Dritten, das Analysand wie Analytiker ein psychisches Weiterleben erlaubt (a.a.O., S. 72).

3 »ex-zentrisch« im Sinne von Helmuth Plessner (1928)

Die Bedeutung des Dritten bei der Bewältigung der depressiven Position

Loch hat die zentrale Rolle der depressiven Position für die Konstitution des seelisch-geistigen Lebens immer betont (er bezieht sich insbesondere auf Klein, Winnicott und Bion). Diese Konstitution kommt in einer frühen, prägenitalen Beziehung zustande, die Kind, Mutter und Vater in seinem *positiven Aspekt* umfaßt. Die Meisterung der depressiven Position gelingt durch die Identifizierung des Kindes mit diesem positiven Aspekt des Vaters, der auf einem guten Verhältnis zur Mutter basiert. Über diese Identifizierung erwirbt es die Fähigkeit, Reparation für aggressives Verhalten zu leisten und erneut libidinöse Zuwendung zu bewirken (Loch, 1981, S. 227). In einer gemeinsamen Arbeit mit Gemma Jappe wird dargestellt, wie die therapeutischen Interventionen beim *Kleinen Hans* (Freud, 1909b) zu einer Identifikation mit dem guten Aspekt des Vaters führt, die vor der Gefahr einer triebbedingten Regression in eine existenzbedrohende Dualunion schützt (Loch und Jappe, 1974).

Wenn aus bestimmten Gründen die Aufspaltung des primären Objekts in eine *gute* und eine *böse* Brust so tief verankert ist und der böse Objektanteil auf den Vater projiziert wird, dann existiert für das Kind kein positiver väterlicher Aspekt, mit dem es sich identifizieren könnte. Loch – der schon sehr früh auf die enge Verzahnung zwischen depressiver Position und Ödipuskomplex hingewiesen hat – sieht im Kontext des Ödipusdramas, daß dann eine psychologisch fundierende Beziehung zum primären Objekt nur durch Vatermord vollziehbar ist, weil dieser rückwirkend nur als Zerstörer der dualen Beziehung erlebt wird (Loch, 1979, S. 54). Die Nichtbewältigung der depressiven Position resultiert daraus, daß die Reparation des primären Objekts aus einer Identifikation mit dem getöteten Vater unmöglich ist. Die Therapie dieser Verhältnisse muß an den Problemen der depressiven Position ansetzen, um diese lösen zu helfen. Es sollen die Mechanismen analysiert werden, die den pathologischen Umgang mit dem Verlust des libidinösen Objekts, beziehungsweise die Probleme mit der Reparation des beschädigten Objekts betreffen – dies mit dem Ziel, die Hilflosigkeit gegenüber dem primären Objekt aufzuheben. Der Analytiker zeigt sich dem Patienten als Verstehender, der eine Beziehung zu ihm lebt, die seine vormalige Flucht in die narzißtische Abwehr unnötig macht. In diesem Zusammenhang schlägt Loch eine psychoanalytische Technik vor, nach der sich der Analytiker als ›positiver Dritter‹ (im Sinne von Winnicotts *object presenting*) anbietet (Winnicott, 1971, S. 111ff.). Zugleich wird dadurch die Fähigkeit (Loch spricht auch von Potenz) des Analysanden bestätigt, weil er erlebt, daß er es war, der die Deutungsleistung des Analytikers zur Realisation brachte (Loch, 1979, S. 57).

Der Dritte und die Identifizierung mit dem Aggressor

Die Rolle des Dritten ist auch bedeutsam, wenn es um die Identifizierung mit dem Aggressor geht, die den Verzicht auf die direkte Triebbefriedigung ermöglicht. Damit die orgiastische Erfahrung aus der frühen Beziehung zum primären Objekt Besitz wird und nicht im konsumatorischen Akt untergeht – und das ist von entscheidender Bedeutung, weil die Repräsentanz dieser Erfahrung die Person psychisch lebendig hält –, muß die Real-Präsenz eines frustrierenden, verbietenden Objekts vorhanden sein. Durch die Identifikation mit diesem ›ersten Aggressor‹ (sie ist identisch mit Freuds primärer Identifikation) wird der Kern des Ichs (das primäre Abwehr-Ich) konstituiert. Dadurch eröffnen sich Bedingungen für die Bildung von Objekt-Repräsentanzen, so daß der Schritt vom reinen Existieren zum Haben-Können emotionaler und kognitiver Phänomene ermöglicht wird. Auf diese Weise wird das Triebobjekt in ein libidinöses Objekt transformiert, was ihm seine Unsterblichkeit in der psychischen Realität gewährt (Loch, 1981). Nach der Errichtung des klassischen Über-Ichs durch eine Identifikation mit dem ›zweiten Aggressor‹ wird der erste Aggressor nachträglich als der Vater (als Dritter) imaginiert. Durch diese Identifikation mit dem zweiten Aggressor wird das Junktim zwischen Inzestverbot und der Annahme der kategorialen Strukturen der Gesellschaft verinnerlicht (a.a.O., S. 236).

Die perspektivische Position

Neben der schon erwähnten »konstruktivistischen Position« ist Lochs Werk auch durch eine »perspektivische Position« charakterisiert. Lochs Denken ist immanent psychoanalytisch, dabei wird es stets durch philosophische Ideen transzendiert. Er schreibt dem Perspektivenwechsel für die psychoanalytische Methode eine besondere Bedeutung zu. Ein Perspektivenwechsel setzt immer voraus, daß sich der Analytiker in einer jeweiligen Situation stets in die exzentrische (Dritten-)Position zu begeben vermag. Die perspektivische Position von Loch kennzeichnet nicht nur sein theoretisches Denken, sondern auch seine Vorstellungen über das konkrete Handeln im psychoanalytischen Prozeß (Loch, 1986). Sie impliziert eine kritische Distanz zur eigenen Theorie; dies verhindert, daß der Analytiker die Aufmerksamkeit des Analysanden in eine bestimmte Richtung drängt.

Die perspektivische Position von Loch ist von Robert Waelder beeinflußt (Waelder, 1930). Dieser schreibt bekanntlich dem Ich als zentrale Steuerungsinstanz vier Aufgabenkreise zu: Es muß die Beziehung 1. zum Es, 2. zum Über-Ich, 3. zur Außenwelt regulieren und 4. den Wiederholungszwang berücksichtigen. Es sind stets gleichzeitig gegebene, mehrfache Anforderungen an das Ich, das dieses kaum perfekt lösen kann. Waelder sieht darin die Erklärung für die *mehrfache Bedeutung aller psychischen Akte.* Aus dieser Feststellung von Waelder leitet Loch ab, daß es stets mehrere Deutungsperspektiven gibt. Als Kriterium für die richtige und angemessene Deutung gilt, inwieweit sie entwicklungsfördernd ist. Nachdem die aktuellen Emotionen in der Interaktion zwischen Analysand und Analytiker die Indikatoren für eine bestimmte analytische Situation sind, hängt es von ihnen ab, welche Invarianten die Perspektive bestimmen, gemäß der das zu interpretierende Material zu ›lesen‹ (d.h. zu verstehen) ist. Daraus ergibt sich, ob in einer bestimmten analytischen Situation der Deutung oder der Objektbeziehung Priorität einzuräumen ist. Vom Analytiker erfordert das eine Bereitschaft, sich der aktuellen Ich-Verfassung des Patienten anzupassen. Das impliziert einen Perspektivenwechsel in seiner Einstellung zum Patienten, damit er stets die für dessen »Ich-Funktionen günstigsten psychologischen Bedingungen herstellen« kann (Freud, 1937c, S. 96).

Loch konzentriert sich auf die Perspektiven, die auf die Zukunft abzielen und somit zu Veränderungen durch die Analyse führen sollen. Das Aufspüren tief verwurzelter Charakterpathologien des Patienten in der Übertragungs-Gegenübertragungs-Interaktion verbindet Loch stets mit dem Ziel, für den Patienten Anhaltspunkte zu finden, die diesen befähigen, seinen individuellen Sinn und seinen eigenen Weg zu den Objekten zu finden. Wenn der Patient einen Analytiker mit dieser Haltung begegnet, dann kann er ihn zunehmend als Objekt erleben, das Hoffnung auf Veränderung weckt. Auf diese Weise werden dem Patienten neue Perspektiven eröffnet; sein intentionales Handeln kann sich dann auf die Zukunft ausrichten.

Literatur

Balint, M. (1968): *Therapeutische Aspekte der Regression*. Stuttgart: Klett-Cotta, 1979

Bion, W. (1962): A Theory of Thinking. *Int. J. Psychoanal.*, 43, 306-310

Bohleber, W. (2001): Die Gegenwart de Psychoanalyse. Zur Entwicklung ihrer Theorie und Behandlungstechnik nach 1945. In: Bohleber, W. u. S. Drews (Hrsg.): *Die Gegenwart der Psychoanalyse – die Psychoanalyse der Gegenwart*, Stuttgart: Klett-Cotta, 15-34

Eickhoff, F.-W. (1990): Versuch einer Würdigung des wissenschaftlichen Werkes Wolfgang Lochs. In: Haas, J.-P. u. G. Jappe (Hrsg.): *Deutungs-Optionen*. Tübingen: edition diskord, 1995, 439-459

– (1996): Über den Konstruktivismus im Werk Wolfgang Lochs. In: H. Henseler (Hrsg.): *»... da hat mich die Psychoanalyse verschluckt«*. Tübingen: Attempto, 67-73

Ferenczi, S. (1913): Entwicklungsstufen des Wirklichkeitssinns. In: *Schriften zur Psychoanalyse*, Bd. 1, Frankfurt am Main: Fischer, 1970, 148-163

Freud, S. (1909b): Analyse der Phobie eines fünfjährigen Knaben. GW, 7, 243-377

– (1910c): Eine Kindheitserinnerung des Leonardo da Vinci. GW, 8, 127-211

– (1912b): Zur Dynamik der Übertragung. GW, 8, 364-374

– (1912e): Ratschläge für den Arzt bei der psychoanalytischen Behandlung. GW, 8, 375-387

– (1937c): Die endliche und die unendliche Analyse. GW, 16, 57-99

Loch, W. (1965): *Voraussetzungen, Mechanismen und Grenzen des psychoanalytischen Prozesses*. Bern/Stuttgart: Huber

– (1974): Der Analytiker als Gesetzgeber und Lehrer. *Psyche – Z. Psychoanal.*, 28, 431-460
– (1976): Psychoanalyse und Wahrheit. *Psyche – Z. Psychoanal.*, 30, 865-898
– (1977): Anmerkungen zum Thema Ich-Veränderungen, Ich-Defekte und psychoanalytische Technik. *Psyche – Z. Psychoanal.*, 31, 216-227
– (1978): Anmerkungen zu wissenschaftstheoretischen Problemen der psychoanalytischen Praxis. (Unter Mitarbeit von J. Dantlgraber), In: *Perspektiven der Psychoanalyse*. Stuttgart: Hirzel, 1986, 103-141
– (1979): Depression und Melancholie oder depressive Position und Vatermord. In: *Perspektiven der Psychoanalyse*. Stuttgart: Hirzel, 1986, 49-60
– (1981): Triebe und Objekte – Bemerkungen zu den Ursprüngen der emotionalen Objektwelt. In: *Perspektiven der Psychoanalyse*. Stuttgart: Hirzel,1986, 213-240
– (1982): Gedanken über Entwicklung und Zukunft der Psychoanalyse. Radiointerview mit U. v. Goldacker. In: H. Henseler (Hrsg.): *»... da hat mich die Psychoanalyse verschluckt«*. Tübingen: Attempto, 95-113
– (1986): Psychoanalytische Perspektiven. In: *Perspektiven der Psychoanalyse*. Stuttgart: Hirzel, 7-21
– (1988a): Anmerkungen zum Thema: Ziele, Aufgaben und Methoden der Psychoanalyse. *Jahrb. Psychoanal.*, 22, 36-66
– (1988b): Rekonstruktionen, Konstruktionen, Interpretationen: Vom »Selbst-Ich« zum »Ich-Selbst«. *Jahrb. Psychoanal.*, 23, 37-81
– (1988c): Einleitung in die Diskussion seines Vortrags: Rekonstruktionen, Konstruktionen, Interpretationen: Vom »Selbst-Ich« zum »Ich-Selbst«. *Bulletin EPF*, 31, 39-43
– (1991): Variable und invariante Objektbeziehungen im psychoanalytischen Prozeß. *Jahrb. Psychoanal.*, 28, 9-49
– (1993): *Deutungs-Kunst*. Tübingen: edition diskord
– (1995): Psychische Realität – Materielle Realität: Genese – Differenzierung – Synthese. *Jahrb. Psychoanal.*, 34, 103-141
– und G. Jappe (1974): Die Konstruktion der Wirklichkeit und der Phantasien. *Psyche Z. – psychoanal.*, 28, 1-31
Nedelmann, C. (1996): In memoriam: für Wolfgang Loch. In: Henseler, H. (Hrsg.): *»...da hat mich die Psychoanalyse verschluckt«*. Tübingen: Attempto, 46-52
Plessner, H. (1928): *Die Stufen des Organischen und der Mensch*. Berlin/New York: de Gruyter, 1975
Sterba, R. (1934): Das Schicksal des Ichs im therapeutischen Verfahren. *Internat. Zeitschr. für ärztl. Psychoanalyse*, 20, 66-73
Stone, L. (1961): *Die psychoanalytische Situation*. Frankfurt am Main: Fischer, 1973
Strachey, J. (1934): The Nature of the Therapeutic Action of Psychoanalysis. *Int. J. Psychoanal., 15*, 127-159
Waelder, R. (1930): Das Prinzip der mehrfachen Funktion. In: *Ansichten der Psychoanalyse*. Stuttgart: Klett-Cotta, 1980, 57-76
Winnicott, D. W. (1951): Übergangsobjekte und Übergangsphänomene. In: *Von der Kinderheilkunde zur Psychoanalyse*. München: Kindler, 1976, 293-31
– (1971): *Vom Spiel zur Kreativität*. Stuttgart: Klett-Cotta, 1973

Adresse des Autors:
Dr. phil. Josef Dantlgraber, Neckargasse 7, D-72070 Tübingen

Eglé Laufer (London)

Erster Kommentar zu Josef Dantlgraber

Ich wurde gebeten, bei dieser Veranstaltung zu sprechen, weil ich – wie Peter Wegner in seiner Einführung erwähnt hat – die Freude und das Privileg hatte, Wolfgang Loch kennenzulernen, als ich eingeladen wurde, an einer Gruppe europäischer Analytiker teilzunehmen, die sich zweimal im Jahr traf, um ihre klinische Arbeit zu diskutieren. In dieser Zeit war es wirklich ein Privileg, einige der einflußreichsten Denker der europäischen Psychoanalyse zu hören und ihre Reaktion auf meine eigene Arbeit zu erhalten. Die Gruppe hatte sich schon einige Jahre getroffen, als man an mich herantrat, weil durch den Rückzug eines britischen Mitglieds ein Platz frei geworden war. Ich glaube, zu dieser Zeit war Loch Präsident der DPV. Die meisten anderen Mitglieder waren erfahrene Psychoanalytiker ihrer Gesellschaften. Ich wußte damals nichts über Lochs Beteiligung am Aufbau der Psychoanalyse in Deutschland. Ich nahm jedoch einen sehr bescheidenen Menschen wahr, der nicht viel sprach, jedenfalls im Vergleich zu manchen anderen, die mit ihren Ideen sehr viel mitteilsamer waren. Und ich bemerkte, wie aufmerksam er all die Gedanken von Leuten wie André Green, Pearl King, Adam Limentani, Eugenio Gaddini, Janice de Saussure und anderen aufnahm und auf eine Weise reagierte, die zeigte, wie sehr er das Gehörte zu schätzen wußte und in sein eigenes Denken integrieren konnte. Oftmals hob er nach einem Treffen, bei dem ich etwas vorgetragen oder einen Kommentar abgegeben hatte, hervor, wie sehr er mit mir übereinstimme oder wie sehr er meine Kommentare schätze oder hilfreich finde. Damals war ich selbstverständlich erfreut und fühlte mich geehrt. Erst später dachte ich, daß er möglicherweise bemerkt hatte, wie aufgeregt ich war, in solch einer erlesenen Versammlung zu sprechen, zu einer Zeit, als ich mich – als jüngstes Gruppenmitglied – noch als Neuling fühlte.

Diese Erfahrung paßt zu dem, was Sie auch von den anderen beiden Vortragenden gehört haben, und ist ein Zeichen für Lochs Bescheidenheit. Es war, als sei er jedem dankbar gewesen, der sein psychoanalytisches Wissen vermehrt hat. Denn er hat nicht nur Freuds Schriften gründlich studiert und sie in seinen eigenen philosophischen Rahmen gestellt, er war darüber hinaus sehr daran interessiert, herauszufinden, auf welche Weise Freuds Werk von anderen fortgeführt wurde, wie sich Erweiterungen in Freuds Werk einordnen ließen und gegebenenfalls darüber hinausgingen.

Der Vortrag von Josef Dantlgraber zeigt das Ergebnis dieser Bemühung – ebenso wie der Titel der von ihm herausgegebenen Vorlesungen von Wolfgang Loch an der Universität: *Mit Freud über Freud hinaus. Ausgewählte*

Vorlesungen zur Psychoanalyse. Wolfgang Loch war nicht nur ein Theoretiker. So, wie ich ihn erlebt habe, war er bestrebt, neue Zugangsweisen zu den Problemen seiner Patienten zu finden und das Verständnis darüber zu erweitern, wie Psychoanalyse klinisch effektiver gemacht werden kann. Diese Interessen finden ihren Ausdruck in der kleinen, aber reichhaltigen Schrift, die er *Die Kunst der Deutung* genannt hat. Peter Wegner hat darüber berichtet. Das Buch, das Wolfgang Loch mir kurz nach einem Treffen gab, als ich wieder begonnen hatte, Deutsch zu sprechen, hatte den Titel *Perspektiven der Psychoanalyse.* Er schreibt dort in der Einleitung, daß er diese Aufsätze publiziert, um der beständigen antipsychoanalytischen Stimme in der deutschen Kultur entgegenzuarbeiten, die er teilweise auf den Gebrauch der Psychoanalyse bei der Rechtfertigung der 68er Studentenunruhen zurückführt. Mit der Veröffentlichung dieser Aufsätze möchte er »zeigen, welche besonderen Beiträge die Psychoanalyse zur Vertiefung der Humanwissenschaften zu leisten vermag« (Loch, 1986, S. 4). Vorher beschreibt Loch in derselben Einleitung, wie die Psychoanalyse seit ihren Anfängen Gegenstand von Verachtung und haßerfüllter Verurteilung war und nicht als Möglichkeit zur Heilung seelischer Krankheit gesehen wurde, was besonders für Deutschland zutraf. Dann bezieht er sich mit deutlichem und entschiedenem Ärger auf die Naziideologie mit ihrer pervertierten Haltung, wenn sie von einer »gesunden Moral« spricht, »natürliche« ethische Grundlagen des Volkes propagiert und die Ansicht vertritt, die Psychoanalyse sei destruktiv – das Werk einer jüdischen Mentalität, deren Ziel die Zerstörung »aller sittlichen, aufbauenden« Kräfte in der Gesellschaft sei. Nach der Zerstörung des »Dritten Reiches« und der Befreiung des Volkes von der Tyrannei der verbrecherischen Diktatur Hitlers, durch die Osteuropa und besonders die Juden »schwersten Leiden und unbeschreibbaren Unmenschlichkeiten ausgesetzt waren« (Loch, 1986, S. 3), kam die Psychoanalyse, so sagt Wolfgang Loch, in Mode.

Ich habe diese Sätze aus der Einleitung zu *Perspektiven der Psychoanalyse* zitiert, weil ich denke, sie zeigen, wie tief beschämt Wolfgang Loch war, sich als Teil dieser Kultur sehen zu müssen. Ich empfand, sein Engagement für die Psychoanalyse wurde teilweise von seiner Dankbarkeit dafür genährt, daß sie es ihm ermöglicht hatte, auf eine neue Art und Weise über sich und andere zu denken. Die Beachtung und der Respekt der psychoanalytischen Welt wird Wolfgang Loch, auch wenn er von manchen angegriffen wurde, das Gefühl gegeben haben, sich mit Recht wieder menschlich zu nennen und nicht Teil einer Kultur zu sein, die er als inhuman und pervers beschrieben hat.

Zwei wichtige Abschnitte dieses Buches beschäftigen sich vor allem mit Balint-Seminaren, an denen er, wie Sie gehört haben, teilnahm, als er nach England kam. Er hat dieses Interesse in Heidelberg weiter verfolgt und durch die Beschäftigung mit »Psychoanalyse und Wahrheit« ergänzt. In *Psycho-*

analyse und Wahrheit (1976) schreibt er über den Neubeginn, ein Thema, das er in dem Buch über Deutungen (Loch, 1993) wieder aufnimmt. Im letzteren spricht er über jene Deutungen, deren primäres Ziel eine Befreiung des Analysanden ist, die ihn in die Lage versetzen soll, einen Neubeginn zu Wege zu bringen. Irgendwie habe ich den Eindruck, daß dies Lochs eigene Erfahrung von Psychoanalyse ist: Sie half ihm, sich von der Scham und dem Entsetzen über die Nazivergangenheit zu befreien, und gab ihm eine Gelegenheit, einen Weg zur Wahrheit über sich selbst und zu einem Neuanfang zu finden. Wenn ich so denke, beschreibt das, glaube ich, den Mann, den ich kannte: jemanden, der die Wahrheit, die die Psychoanalyse anbietet, leidenschaftlich liebte, einen Mann, der ernsthaft um einen Neubeginn bemüht war.

Als ich Dantlgrabers Arbeit las, interessierte mich besonders die Bedeutung, die er Lochs Sorge um die – wie er formulierte – »Theorie der Psychoanalyse als Ganzes« gab. Ich denke, das ist etwas, worin wir übereinstimmen. Denn obwohl ich mich auf keinen philosophischen Hintergrund beziehen kann, teilten wir die Annahme, daß Freud uns mit dem grundlegenden psychoanalytischen Rahmen ausstattete, in den die Arbeit der anderen eingepaßt sein muß, damit wir die Möglichkeit haben, sie für unsere klinische Arbeit zu nutzen. Ich denke, das entsprach auch der Haltung von Adam Limentani, dem »Paten« unserer Gruppe, der ein guter Freund von Loch war und durch den er seine Arbeit in Deutschland unterstützt fühlte, die Psychoanalyse als ernsthafte Disziplin in Übereinstimmung mit den Kriterien der IPA zu etablieren. In einer Zeit, in der einige der extremen Anhänger von Anna Freud oder Melanie Klein dachten, einen sinnvollen Dialog nur mit Leuten ihrer eigenen Überzeugung führen zu können, bedeutete das, sich frei fühlen und schauen zu können, was es von denen, die aus anderen Denkrichtungen kamen, zu lernen gebe. So wird aus Dantlgrabers Beschreibung der klinischen Theorie von Loch deutlich, daß nach Freud Balint und Winnicott den größten Einfluß auf ihn hatten, die beide die Bedeutung der affektiven Begegnung mit dem Analysanden, die vom Analytiker mit dem Patienten geteilt wird, hervorhoben. Man braucht nur an Winnicotts Schrift über *Haß in der Gegenübertragung* (1956) oder Balints Arbeit über die Grundstörung oder den Neubeginn (Balint, 1968) zu denken. Aber was mich besonders beeindruckte, war, wie zeitgemäß das in Lochs Händen wurde, sobald er seinen philosophischen Hintergrund mit dem Problem der Wahrheit und deren Unterscheidung von subjektiver Realität einbrachte. Und wir hören, wie Loch durch die Einführung einer dritten Position mit dem Problem umgeht: Das ist nämlich der objektive Beobachter, der außerhalb der Begegnung der affektiven dyadischen Erfahrung in der Gegenübertragung mit der affektiven Realität des Patienten steht.

Ich denke, genau das drücken auch die drei Überschriften aus, die Dantlgraber gebraucht hat, um Lochs klinische Theorien zu beschreiben: die Gegenübertragung als Basis der psychoanalytischen Methode, die konstruktivistische Position und die perspektivische Position. Ich finde es interessant, wie Loch den Widerspruch zwischen extremer Subjektivität und der Suche nach klinischer Wahrheit auflöst, die gegenwärtig das Zentrum der psychoanalytischen Auseinandersetzung in bezug auf Freuds Theorie des psychischen Funktionierens darstellt, und diese als zu materialistisch und zu faktenorientiert angreift.

Um eine Antwort auf meine Frage zu finden, werde ich die konstruktivistische Position heranziehen, die sich in folgende Unterabschnitte teilt:

- Deutung und Wahrheitsgehalt
- Der Bezug zum Bereich des Sinnlichen
- Bedingungen zur Veränderung des Selbst

Unter der Überschrift »Deutung und Wahrheitsgehalt« beschreibt Dantlgraber, wie Loch Deutung als »ein innovatives, schöpferisches Unterfangen« verstand, »das Zusammenhänge nicht nur aufdeckt, sondern solche konstruiert« (S. 421 in diesem Band). Und »sie sind eine Sinnfindung, eine Sinnkonstruktion und damit niemals etwas Vorgegebenes« (ebd.). Obwohl ich dem zustimme, daß dem Patienten Verbindungen fehlen, die konstruiert werden müssen, so glaube ich doch nicht, daß das bedeutet, wie er meint, Deutungen zielten nicht auf eine Wahrheit mit historischem Charakter. Obwohl wir nur mit der Wahrheit arbeiten können, die sich in einem bestimmtem Moment in Zeit und Raum etabliert und ihre aktuelle emotionale Bedeutung durch den Patienten in der Übertragung erhält, so versuchen wir doch, unsere Deutung durch unser vorhandenes Wissen über die Lebensgeschichte des Patienten in einen historischen Rahmen zu stellen. Gleichwohl stimme ich dem nächsten Satz, den Dantlgraber aus Lochs Schriften zitiert, uneingeschränkt zu: »[Deutungen] sind der Versuch, im Dienste der ›Kohärenz des Selbst‹ eine Wahrheit zu konstruieren, ›die ihrerseits für die Gegenwart wie die Zukunft des Subjekts unabdingbar ist‹.« (ebd.) Ich glaube, um diese Kohärenz zu erreichen, helfen wir den Patienten bei der Suche nach der historischen Wahrheit. Wir unterstützen sie darin, die Lücken zu füllen, die wegen ihrer angstauslösenden Bedeutung entstanden sind. Mit der Konstruktion von Verbindungen – unserer Aufgabe als Analytiker – schaffen wir Wegweiser zur unbekannten historischen Wahrheit und ermöglichen dem Patienten oftmals, seine bewußten Erinnerungen zu korrigieren und zu erweitern. Um das Gefühl der Selbstkohärenz zu entwickeln, ist die Wahrheit über das Primärobjekt notwendig, damit zwischen dem Selbst und dem Anderen unterschieden werden kann. In diesem Sinn ist es die Aufgabe des Analytikers, in der Rolle des objektiven Dritten die Arbeit des Patienten bei Separation und Differenzierung zu unterstützen.

Unter der Überschrift »Der Bezug zum Bereich des Sinnlichen« untersucht Dantlgraber die Rolle der emotionalen Erfahrung des Patienten in der aktuellen Beziehung zum Analytiker, die, wie ich gesagt habe, Wegweiser zur Verfügung stellt, denen wir folgen müssen, um entweder auf diesem Weg vergangene Wahrheiten oder, falls der Patient von der Vergangenheit spricht, gegenwärtige Wahrheiten zu formulieren. Ich denke jedoch nicht, daß das in Begriffen von Interaktion (*interpersonal relationship*) erklärt werden kann, im Sinne von ›der Analytiker muß eine interpersonale Verbindung mit dem Patienten herstellen und muß seine/ihre Projektionen und seine/ihre Rollenzuschreibungen annehmen‹. Obwohl der Analytiker die »projektive Identifikation zulassen muß«, weil er gar nichts anderes tun kann, benutzt er doch auch seine Position als Dritter, den Wunsch oder das Bedürfnis des Patienten nach einer bestimmten Rollenzuschreibung zu benennen. Wir werden darauf hingewiesen, welche frühe sinnliche Erfahrung der Patient in der Beziehung zum Primärobjekt entweder vermeiden muß oder mit dem Analytiker wiedererschaffen möchte. Der Analytiker weckt im Patienten einen primitiven Objekthunger, der entlang der Linien, die in der Vergangenheit angelegt wurden, seine Befriedigung sucht. Die Erfahrung dieser Wünsche und Schrecken in der Gegenwart macht die Überzeugungskraft der historischen Wahrheit für den Analytiker und den Patienten aus. Es hätte mich interessiert, wie Loch seine Vorstellungen über das Zusammenspiel von frühen sinnlichen Erfahrungen – und ich unterscheide hier zwischen der sinnlichen Erfahrung und der Emotion – verbunden hätte mit seiner Arbeit über psychosomatische Erkrankungen und Balints Arbeit mit Patienten, die über körperliche Beschwerden klagen. So ist etwa Schuld eine emotionale Erfahrung, aber sie wird nur Teil einer sinnlichen Erfahrung, wenn wir körperlichen Schmerz und die damit assoziierte Todesangst mit unbewußten Schuldgefühlen und Verlassenheitsangst verbinden.

Ich bin beispielsweise nicht davon überzeugt, daß bei der Patientin, die, wie Loch beschreibt, zitternd und mit flammendrotem Gesicht zur ersten Stunde kommt, und der Analytikerin, die das Gefühl hatte, aus dem Sattel geworfen zu werden und in den Sand zu fallen, diese Erfahrung notwendig war, um der Patientin zu sagen: »Ich fürchte mich nicht vor dem, was Sie mir mitteilen möchten.« Reicht nicht die Wahrnehmung der visuellen Kommunikation der Angst der Patientin angesichts der unbekannten Analytikerin aus, um diese zu veranlassen, den sensorischen mit dem emotionalen Zustand der Patientin zu verbinden und das Ausmaß der Angst der Patientin zu beschreiben, ohne sich selbst als aus ihrem analytischen Sattel geworfen erleben zu müssen, so als müsse auch sie erst die sinnliche Erfahrung machen, bevor sie diese in eine Emotion übersetzen und der Patientin zurückgeben kann? Aber vielleicht habe ich nicht ganz verstanden, was Dantlgraber in der hier notwendigen Kurzfassung beschreibt. Was das Beispiel jedoch klarmacht, ist die Verbindung des emotionalen oder affektiven Zustandes mit der unbewußten oder dissoziierten sensorischen Erfahrung, die das Verbindungsglied zur fehlenden Phantasie der Analytikerin darstellt, die die Patientin aufgesucht hatte. Die Tatsache, daß die Patientin sich in einem aufgeregten, agitierten Zustand befand, war ein Hinweis auf libidinöse oder aggressive Erregung im

Zusammenhang mit einer Phantasie über die Analytikerin. Beruhigt wurde sie durch die Gegenwart einer ruhigen Analytikerin, die Kontrolle über ihre spontane Reaktion auf den Zustand der Patientin gewann und sich unbeschädigt in ihrem analytischen Sattel zurücklehnen konnte. Die Patientin konnte dadurch erfahren, daß ihre Gefühle unter Kontrolle waren.

In dem Abschnitt »Bedingungen zur Veränderung des Selbst« war ich wiederum ein wenig verwirrt über die theoretische Argumentation, was allerdings nicht für die entsprechende klinische Erfahrung gilt. Ich bin letztendlich nicht sicher, was der Unterschied zwischen der dargestellten Vorstellung, die Möglichkeit eines Neubeginns als Ziel der Behandlung zu sehen, und der Erfahrung der Leere ist, die in diesem Kapitel als Bedingung für die Veränderung des Selbst genannt wird. Ich bin nicht sicher, ob ich der Vorstellung einer Veränderung des Selbst als Ziel der Deutung und als Lösung der Übertragungsneurose zustimme. Es klingt, als sei da eine Phantasie, die Patientin müsse von jedem früheren Gefühl ihres Selbst befreit werden, sobald die verschiedenen Ebenen ihrer Erfahrung sich in der Übertragung als Widerstand entpuppen. Das Festhalten am alten Selbst wird dann als Abwehr verstanden gegen die Angst, total hilflos und alleingelassen zu werden. Die Erfahrung der neuen Beziehung zum Analytiker bedeutet, daß die unbewußt aufrechterhaltene Überzeugung der Patientin nicht in Erfüllung geht, sie müsse, um zu überleben, mit ihrem Primärobjekt verschmolzen bleiben und die folgende Trennung werde nur zu unerträglicher traumatischer Angst führen. Offensichtlich erlebt die Patientin mit ihren zwanghaften Tötungsimpulsen ihrem Mann und den Kindern gegenüber diese als Hindernis bei der Aufrechterhaltung der Phantasie, mit der Mutter verbunden zu sein, die sie ursprünglich verlassen hatte, als sie mit drei Jahren in die Klinik mußte. Das neue Selbst, das sie jetzt etablieren muß, ist eines, das sich dem gefürchteten Zustand der Leere gegenüber schutzlos fühlt, was als schlimmer empfunden wird als das Symptom. Aber wie verhält es sich mit ihrer Identifikation mit einer mörderischen Mutter, die sie meiner Ansicht nach als Ergebnis der Erfahrung der neuen Beziehung zum Analytiker aufgeben müßte? Und ist nicht das der schmerzlich erlebte Verlust? Theoretisch scheint mir das Symptom die Angst zu repräsentieren, mit der Phantasie der gehaßten Mutter identifiziert zu sein, die in der Vorstellung der Patientin zu einem verfolgenden Objekt geworden ist, das sie in Gestalt ihrer Kinder und ihres Ehemannes in der äußeren Welt zerstören muß, um leben zu dürfen. Eine solche Identifikation sehe ich eher im Sinn eines primitiven Über-Ich, das ihr nicht erlaubt, Frau und Mutter zu werden, aufgrund der unbewußten Angst, die gute, sorgende Mutter zu verlieren, die Teil der fusionalen, sensorischen Erfahrung des Selbst ist und das Gefühl der Kohäsion vermittelt. Die Leere entspricht dann eher dem Wunsch, die Analytikerin möge in der äußeren Realität zur sorgenden Mutter werden und sie nicht der Sehnsucht nach dieser Mutter aussetzen. Aber vielleicht habe ich Josef Dantlgrabers Argument mißverstanden, das meiner Ansicht nach impliziert, daß ein krankes, möglicherweise falsches Selbst abgebaut werden muß, bevor ein Neubeginn erreicht werden kann. Nach meinem theoretischen Verständnis können wir lediglich die späteren Strukturen verändern, die den späteren Erfahrungen Bedeutung verleihen. Die früheste, sensorisch verankerte Beziehung zum Primärobjekt, das Spiegeln im Blick der Mutter, das die Basis des Selbsterlebens darstellt, kann nicht durch Deutung abgebaut oder verändert werden. Sie kann durch den Einfluß des Analytikers auf das Über-Ich, wie Strachey beschreibt, lediglich weniger verfolgend gemacht werden.

Wenn Dantlgraber sich im nächsten Abschnitt über Deutung und Objektbeziehung auf Winnicott bezieht, folgert er, daß zur Entwicklung reiferer Objektbeziehungen die Verbindung zu den infantilen Triebobjekten durch Deutung aufgebrochen werden müssen. Die Konstitution des Selbst ist gebunden an den Verlust des Objekts. Ich denke, die Theorie vom Abbrechen der libidinösen Bindungen muß näher bestimmt werden. Auch wenn die Verfügung über das Primärobjekt als hauptsächliche Quelle zukünftiger Gratifikation aufgegeben wird, bedeutet das keine Ablösung des Selbst von den ursprünglichen Erfahrungen, auf denen es basiert. Ich glaube, Freud sagte einmal, daß wir niemals Befriedigungen aufgeben können, die wir einmal erfahren haben, wir können sie nur transformieren. Es geht also um Symbolisierung, wie Dantlgraber hervorhebt, und die Fähigkeit, eine Alternative für das ursprüngliche Objekt einzusetzen, solange es einen »erotischen Zugang zur Realität« ermöglicht und auf diese Weise die Illusion befriedigt, die ursprüngliche Erfahrung sei nicht verloren.

Ich habe leider keine Zeit, dem letzten Abschnitt gerecht zu werden, der Lochs Betonung der Wichtigkeit und Bedeutung des Dritten betrifft. Ich glaube, sein Verständnis der ödipalen Situation in einem weiteren Sinn war sehr fortschrittlich und ist in das aktuelle Denken eingegangen. Es ermöglichte ihm, die Kluft zwischen Klein und Freud zu überbrücken, die damals für die meisten Analytiker existierte, als wir nur mit der klassischen ödipalen Situation arbeiten konnten und es fraglich war, ob wir ein Verständnis der früheren dyadischen Situation einbeziehen konnten, ohne die Verbindung zu Freuds Theorien zu verlieren. Schließlich bin ich Dantlgraber für seine sehr anregende Darstellung der klinischen Theorien meines sehr geschätzten und jetzt verlorenen Freundes Wolfgang Loch überaus dankbar.

Aus dem Englischen übersetzt von Helga Kremp-Ottenheym (Freiburg)

Literatur

Balint, M. (1968): *Therapeutische Aspekte der Regression.* Stuttgart: Klett-Cotta, 1979
Loch, W. (1976): Psychoanalyse und Wahrheit. *Psyche – Z. Psychoanal.*, 30, 865-898
– (1986): *Perspektiven der Psychoanalyse.* Stuttgart: Hirzel
– (1993): *Deutungs-Kunst.* Tübingen: edition diskord
Winnicott, D. W. (1956): On transference. *Int. J. Psychoanal.*, 37, 386-388

Adresse der Autorin:
M. Eglé Laufer, 48 Abbey Gardens, GB–London NW8 9AT

Owen Renik (San Francisco)

Zweiter Kommentar zu Josef Dantlgraber

Peter Wegner hat mich als erster auf die Arbeit von Wolfgang Loch aufmerksam gemacht, und es ist mir eine große Freude, meiner Wertschätzung der Beiträge Lochs durch die Lektüre und Diskussion des ausgezeichneten Vortrags von Dantlgraber Ausdruck zu verleihen. Schon vor mehr als dreißig Jahren befaßte Loch sich mit Themen, die erst in jüngster Zeit in das Blickfeld der psychoanalytischen Literatur gekommen sind, zumindest, was die Vereinigten Staaten betrifft. Für mich selbst jedenfalls kann ich sagen, ich wäre durch Loch sehr angeregt worden, wenn mir seine Ideen zu einem früheren Zeitpunkt meiner Laufbahn bekannt gewesen wären. Mein eigenes Denken entwickelte sich schließlich in eine Richtung, die mit Lochs Vorstellungen übereinstimmt und die er schon vertrat, als ich meine psychoanalytische Ausbildung begann. Diese Tatsache veranlaßt mich, darüber nachzudenken, welch schwerwiegendes Problem engstirniger Provinzialismus für uns in der Psychoanalyse darstellt. Insgesamt ist es ein allgemeines Kennzeichen psychoanalytischer Ausbildung, daß jeder sozusagen in einer relativ engen Subkultur aufwächst, die begrenzt ist durch eine eingeschränkte Reihe theoretischer Orientierungen, um nicht zu sagen durch eine bestimmte Sprache. Ich bin sicher, ich überrasche niemanden, wenn ich behaupte, Provinzialismus sei ein besonderes Problem unter amerikanischen Psychoanalytikern, die in der Regel die internationale Literatur weniger kennen als der Rest der psychoanalytischen Welt die unsrige.

In diesem Zusammenhang möchte ich einige Gedanken vortragen, die mir durch den Kopf gingen, als ich Josef Dantlgrabers Ausführungen über die Bedeutung von Lochs Werk las.

Zunächst war ich von Lochs Auffassung beeindruckt, daß es »eine Vorbedingung des analytischen Prozesses (ist), daß eine Gegenübertragung beim Analytiker entsteht« (S. 421 in diesem Band). Ich glaube, das ist ein Gesichtspunkt, den man nicht genug hervorheben kann. Wir geben leicht Lippenbekenntnisse unserer Übereinstimmung ab, während wir die weitreichendsten Implikationen übergehen. Die Gegenübertragung ist nicht nur für die Etablierung eines psychoanalytischen Prozesses notwendig, sie ist vielmehr ein unvermeidlicher, konstituierender Teil eines jeden Moments im psychoanalytischen Prozeß. Um es mit Loch zu sagen: sobald der Analytiker den Liebesobjekten des Patienten entsprechen muß, muß der Patient denen des Analytikers entsprechen. Wer von uns praktiziert schon klinische Psychoanalyse, ohne daß die Motivation dazu auch einen Selbstheilungswunsch enthielte? Indem wir unsere Patienten behandeln, behandeln wir uns selbst und leisten

Wiedergutmachung an unseren Eltern. Das wußte Herold Searles sehr genau, ebenso wie Loch, denke ich.

Darüber hinaus gefallen mir Dantelgrabers Ausführungen gut, mit denen er Lochs Betonung sowohl der Wissenschaft der Deutung als auch der Kunst der Deutung in der Psychoanalyse hervorhebt. Die Subjektivität des Analytikers – ihre/seine individuellen Interessen, Anliegen, Theorien über die Welt usw., bearbeitet durch die Idiosynkrasien der persönlichen Geschichte – beeinflußt jeden Augenblick analytischer Aktivität: Wie der Analytiker zuhört, formuliert, sich zu intervenieren (oder nicht zu intervenieren) entscheidet und seine/ihre Interventionen konstruiert. Die Praxis der klinischen Psychoanalyse ist deshalb ein kreativer Akt. Loch sagt uns, daß die Kreativität des Analytikers mit der Subjektivität des Patienten (die wir gewöhnlich als »Übertragung« des Patienten und sein »beobachtendes Ich« konzeptualisieren) interagiert und daß »Zusammenhänge [...] eine Sinnfindung, eine Sinnkonstruktion und damit niemals etwas Vorgegebenes« (S. 421 in diesem Band) sind. In diesem Sinn ist Deutung eine Kunst.

Wir können die Intersubjektivität der klinisch-analytischen Begegnung gleichzeitig anerkennen und sie systematisch reflektieren. Das nennt Loch, wie ich denke sehr treffend, die Wissenschaft der Deutung. Die Wissenschaft der Deutung erlaubt echte Objektivität in der Psychoanalyse. Ironischerweise erreichen wir die Möglichkeit echter Objektivität in der Psychoanalyse, indem wir die nicht reduzierbaren subjektiven Bedingungen klinisch psychoanalytischer Arbeit akzeptieren.

Wir kommen hiermit zu einer grundlegenden methodischen Frage und zu einer der wertvollsten und vorausschauendsten psychoanalytischen Aussagen von Loch. Wenn Deutung eine Kunst ist, wie kann man sich ihr wissenschaftlich annähern? Loch sagte, »Deutungen zielen nicht auf eine Wahrheit ab, die einen historischen Charakter hat« (ebd.). Wenn wir realisieren, daß Loch hier Rekonstruktionen und Übertragungsdeutungen einschließt, sehen wir, daß er einen sehr radikalen Vorschlag macht. Indem wir auf den Wahrheitsanspruch bezüglich der Vergangenheit verzichten, macht Loch uns frei für den wissenschaftlichen Umgang mit der Gegenwart. Wir sind in der Lage, nützliche Kriterien aufzustellen, mit denen die Validität psychoanalytischer Einsichten beurteilt werden kann. Loch schlägt vor, daß wir in der Psychoanalyse »im Dienste der Kohärenz des Selbst eine Wahrheit [...] konstruieren, die ihrerseits für die Gegenwart wie für die Zukunft des Subjekts unabdingbar ist« (ebd.).

Hier war Loch schon nahe an zeitgenössischen Vorstellungen bezüglich Historizität, Zeit und psychoanalytischer Erkenntnis. Er sagt, psychoanalytische »Wahrheit wird zwar durch Stimuli, die in der analytischen Gegenwart ihren Ursprung haben, neu belebt und dadurch verändert. Die in der psychoanalytischen Situation sich herstellende Übertragung ist aber zumindest ein Abbild der Originalübertragung« (ebd.). Das ist eine sehr passende und hilfreiche Formulierung des Paradoxes, das französische Analytiker gewinnbringend mit dem Begriff des *après coup* bezeichnet haben.

Lochs Herangehensweise an das Problem des Wahrheitsanspruchs in der Psychoanalyse ist ausgesprochen modern. Er unterstreicht den Pragmatismus und die Bedeutung von Zusammenarbeit und Konsens in der Behandlungsbeziehung. Loch war aktuellen Diskussionen und Kontroversen im Hinblick auf Autorität und Wissen in der klinischen Psychoanalyse um mehr als ein Jahrzehnt voraus, als er sagte: »Die Psychoanalyse sucht also nach einem pragmatischen Konzept der Wahrheit, die durch gegenseitige Übereinstimmung zwischen Analytiker und Analysand zustande kommt. Auf diese Weise schafft die Deutung eine von beiden geteilte Realität« (S. 421 in diesem Band).

Ich stimme meinerseits vollkommen mit Lochs pragmatischem Konzept der Wahrheit in der Psychoanalyse überein. Ein Wahrheitsanspruch in der Wissenschaft ist immer pragmatisch: Die experimentelle Methode besteht darin, Hypothesen und Behauptungen zu vergleichen, indem Standardbedingungen festgesetzt werden und getestet wird, welche Hypothese sich besser eignet, das Ergebnis vorherzusagen. Ich bin ebenfalls völlig einverstanden mit Lochs Betonung der Übereinstimmung zwischen Analytiker und Analysand als Kennzeichen psychoanalytischer Wahrheit. Lochs Konzept der Expertenschaft des Analytikers als Mitarbeiter steht in deutlichem Kontrast zu – meiner Meinung nach obsoleten – Konzepten vom Analytiker als Kenner der Vorstellungen des Patienten. Der Unterschied entspricht verdienter oder unverdienter Autorität, die dem Analytiker zukommt. Indem Loch die psychoanalytische Wahrheit ihrer Natur nach als Konsens beschreibt, begrenzt er die Autorität des Analytikers auf den Teil, den er in der klinischen Begegnung erwirbt.

Am weitreichendsten ist vielleicht Lochs Weigerung, therapeutische und analytische Ziele zu unterscheiden, wie manche Kollegen das tun. Sogenannte vom Ergebnis der Analyse unabhängige »analytische Ziele« sind notwendigerweise theoriebesessen. Wenn analytische Ziele verfolgt werden, hat der Analytiker, der ein Fachmann für Theorie ist, bei der Beurteilung des analytischen Prozesses automatisch eine privilegierte Stimme. Aus diesem Grund ist die klinische Psychoanalyse für das Problem der Zirkularität außerordentlich anfällig – nämlich, daß sie zu einer Suche nach Bestätigung theoretischer Vorstellungen wird, die von Anfang an vermutet wurden. Wenn im Gegenteil die Erfahrung des therapeutischen Nutzens auf Seiten des Patienten als vordringliches Kriterium des klinischen Erfolgs dient, ist die Beurteilung des analytischen Fortschritts theorieunabhängig und die privilegierte Stimme des Analytikers nicht erforderlich. Das hatte Loch sehr deutlich vor Augen, als er bemerkte: »Erst wenn der Patient seinen Erlebnissen eine andere Bedeutung zuschreibt und sein Handeln danach ändert, hat eine Deutung mutativen Charakter. Entscheidend ist also, ob die Deutung zu einem bestimmenden Beweggrund wird, der dann zu einer praktischen Konsequenz für seine Lebensexistenz führt.« (S. 422 in diesem Band)

Dantlgraber vermittelt diesen Sachverhalt überzeugend, indem er Lochs Position mit Robert Waelders Prämisse verbindet, die besagt, daß jeder psychische Akt viele Bedeutungen hat. Er schlägt vor, daß bei der Auswahl zwischen verschiedenen Bedeutungen »als Kriterium für die richtige und angemessene Deutung gilt, inwieweit sie entwicklungsfördernd ist« (S. 430 in diesem Band). Dantlgrabers Position ist ausgesprochen pragmatisch und therapieorientiert.

Ich sehe in diesem Punkt eine enge Verbindung zu dem, was Dantlgraber Lochs »perspektivische Position« und die »Funktion des Dritten« nennt. Der analytische Dritte ist ein in den USA von Ogden und anderen ebenso wie sonst überall ein vieldiskutiertes Konzept. Die Intention für die Konzeptualisierung des Dritten ist klar: Die Triangulierung psychoanalytischen Verstehens zielt auf die Vermeidung einer *folie à deux* zwischen Patient und Analytiker und/oder der Grandiosität (oder sogar des Solipsismus) auf seiten des Analytikers ab. Ich selbst war nie davon überzeugt, daß der Analytiker sich zurückhalten und »aufspalten« kann, wie Dantlgraber vorschlägt, damit er die nötige Objektivität für die Deutung erreicht, während er gleichzeitig in Übertragung und Gegenübertragung verstrickt ist. Ich habe den Eindruck, daß mit dem Versuch solcher Selbst-Spaltung ein fehlgeleitetes Ideal verfolgt würde. Ich glaube eher, daß Loch durch die Verbindung der analytischen Arbeit mit dem außeranalytischen Leben des Patienten – durch Lochs pragmatisches Wahrheitskonzept in der Psychoanalyse und seine therapeutische Orientierung – einen wirklich sinnvollen psychoanalytischen Dritten etabliert hat. Die klinische Psychoanalyse wird davor bewahrt, ein selbstbezogenes System zu werden, weil die wirkliche Welt außerhalb des Behandlungsraums, die sowohl den Patienten als auch den Analytiker beeinflußt, eine *dritte Person* ist.

Zum Schluß möchte ich auf Peter Wegners Würdigung der theoretischen Eigenständigkeit von Loch und sein Plädoyer für das Recht des Analytikers, mutig Fragen zu stellen, zurückkommen. Einerseits neigen wir Analytiker dazu, auf unsere Fähigkeit, Unsicherheit zu tolerieren, stolz zu sein. Andererseits verurteilen wir die kritische Befragung unserer geliebten, von Freud abgeleiteten Grundannahmen als nicht- oder gar anti-analytisch. In der Wissenschaft aber sind revolutionäre Fragen erlaubt, ja sogar erwünscht. Nur bei religiösen Bewegungen ist das anders. Nach meinem Eindruck war der Inhalt des Lochschen Denkens in gewisser Weise revolutionär, sein Ansatz im Hinblick auf psychoanalytisches Lernen war es im Geiste – im besten Sinn – ganz gewiß.

Aus dem Englischen übersetzt von Helga Kremp-Ottenheym (Freiburg)

Adresse des Autors:
Owen Renik, MD, 244 Myrtle Street, San Francisco CA 94109, USA

Loch, W.: *Mit Freud über Freud hinaus. Ausgewählte Vorlesungen zur Psychoanalyse*. Bearbeitet und herausgegeben von J. Dantlgraber und W. Damson. Tübingen: edition diskord, 2001, 143 S.

Für den schmalen Band mit *Vorlesungen zur Psychoanalyse* aus dem Sommersemester 1974 und dem Wintersemester 1974/75 nennen die Herausgeber Wolfgang Loch als Autor. Man habe versucht, so wird in der editorischen Notiz erläutert, aus den Tafelanschrieben und Notizzetteln Lochs sowie aus den Mitschriften der Herausgeber und Bearbeiter derselben einen konsistenten Text zu formulieren; Größe, Weitsichtigkeit und Weltläufigkeit von Lochs Denken sowie seine Bezugnahme auf die Philosophie sollten hierbei sichtbar werden.

Das mag für die Leser gelungen sein, die in Lochs Vorlesungen gewesen waren und ihn persönlich kannten. Sie mögen diese Sammlung als Erinnerungshilfe schätzen. Für die jüngere Generation der Analytiker, die Loch selbst nicht mehr gehört und erlebt hat und die, sicherlich im Gegensatz zu der älteren Generation, inzwischen in erheblichem Ausmaß schemata-, operationalisierungs- und algorithmusgeschädigt ist, dürften diese Notizen aber nur mit großer Mühe einen Gewinn bringen. Nahezu keine Seite, auf welcher es nicht heißt: 1., 2., 3., ... oder a), b), c) ..., nahezu keine Seite also, auf welcher nicht Stadien, Stufen, Ebenen, Phasen, Schichten, Reihen usw. gebildet und aufgezählt werden. Auch andere Autoren werden aufgezählt, mit den sie bis heute charakterisierenden Stichworten. Die in den Überschriften angesprochenen Themen und die schiere Zahl der Schemata und zitierten Autoren stehen in keinem Verhältnis zum Seitenumfang des Buches. Die unausweichliche Reduktion geht auf Kosten jeglicher Lebendigkeit, übrig bleiben bloße Schemata. Schemata sind eigentlich Hilfsmittel und gehören in der Regel in den Anhang eines Textes. Hier sind sie zum Text selbst geworden.

Im weiteren Verlauf der Vorlesungen wird dem Leser der philosophische Gehalt von Lochs Nachdenken nähergebracht. Wenn er, durch die Herausgeber hindurch, schreibt, daß es in der psychoanalytischen Theorie um drei große Themenbereiche gehe (S. 61), die Urszene, die Brust und den Tod, dann ist hier auch der von ihm gerne zitierte Bion hindurchzuhören, der diese drei Themenbereiche in den Grundannahmen gefaßt hat. Identifikation (Paarbildung), Versorgung (Abhängigkeit) und Trennung (Kampf/Flucht) werden durch das reife Ich (Arbeitsgruppe) permanent durchgespielt und integriert. Nicht zufällig benennt Loch dann an dieser Stelle (S. 67) ein nomenklatorisches Problem, ohne dessen Wurzeln zu diskutieren: Daß nämlich viele psychoanalytische Ausdrücke eine negative Bedeutung hätten, der eine neue Tendenz entgegenarbeite, welche den positiven Aspekt zum Beispiel von Abwehrmechanismen hervorzuheben trachte. Loch begrüßt diese Tendenz. Es ist jedoch bis heute nicht mehr als eine Tendenz, die Aufgabe ist ungelöst. Diese auffallende »negative« Bedeutung der psychoanalytischen Terminologie rührt ja von ihrer immer noch weitgehend pathologisierenden Sichtweise her, und diese und die mit ihr verbundene Terminologie sind nicht wirklich überwunden. Es geht nicht darum, Pathologie zu negieren, sondern es geht darum, von einem Verständnis von Gesundheit auszugehen, in welchem Pathologie aufgehoben, integriert ist; es geht also darum, eine Terminologie zu finden, welche die psychodynamischen Abläufe im Zustand der Gesundheit zu fassen vermag und ineins damit diejenigen, die im Krankheitsfall vorfindlich sind. Dazu müssen viele Begriffe abstrakter gefaßt und die ganze Theorie auf eine dialektische, also Selbstwidersprüchlichkeit umfassende Basis gestellt werden. Loch hatte offenkundig eine solche Basis: Wenn er davon spricht, daß sich Konflikte nicht lösen, sondern nur aufheben lassen (S. 69), benützt er einen zentralen Hegelschen Begriff, die Aufhebung, um welchen nicht nur die Theorie der Dialektik, sondern auch die ganze psychoanalytische Arbeit kreist. Wenn man sich die Mühe machte, über einen solchen Begriff nicht oberflächlich hinwegzugehen in der Meinung, man wisse schon irgendwie, was er bedeute, sondern seinen philosophischen Gehalt zu explizieren, würden viele Theorien und damit das Nachdenken präziser. Und wenn Loch weiter schreibt (S. 76), daß die Urszene den zentralen Punkt in der Wirksamkeit unbewußter Phantasien bilde und als ödipale Situation im weitesten Sinne verstanden werden kann, wird das nicht nur im Zusammenhang mit Bions Theorie des Denkens verständlich, welche Loch später (S. 128) zusammenfaßt: Die Entwicklung von Gedanken und der Umgang mit Gedanken hängt entscheidend von der Fähigkeit ab, Trennungsschmerz auszuhalten. Das heißt, die mit der Urszene unlösbar verbundene Dialektik von Verschmelzung und Trennung, von Inzest und Inzesttabu, aus welcher der Mensch sich nie befreien kann und welche er stets im Rahmen der Grundannahmen durchspielt, führt zu dem von Bion auch als wissenschaftlich bezeichneten Niveau der Arbeitsgruppe, wo über etwas nachgedacht werden kann, ohne Verschmelzung mit oder Trennung von dem Gegenstand fürchten und abwehren zu müssen, sondern wo beides integriert und das heißt aufgehoben werden kann. Das zentrale Paradigma der Psychoanalyse, der Ödipus-Komplex, welchen Bion in seiner Theorie des Denkens in der Einheit der Grundannahmen und der Arbeitsgruppe reformuliert hat, findet in der Dialektik ihre philosophische Explikation.

In diesem Zusammenhang fällt auch beim Lesen dieser Texte wieder auf, wie notwendig eine präzise theoretische Formulierung der Begriffe Liebe und Tod, die in der Psychoanalyse ja häufig gebraucht werden, ist. Sie werden nämlich in einer undurchsichtigen Mixtur aus umgangssprachlicher Bestimmung gebraucht, wo in der Regel Abhängigkeit als Liebe bezeichnet wird und Abwesenheit als Tod, und theoretischer Bestimmung, wo Liebe die reifste Form der seelischen Entwicklung kennzeichnet, die Fähigkeit zur Arbeitsgruppe, zum einfühlenden und introspektiven Nachdenken, und Tod die hierzu notwendige Fähigkeit zur Abstraktion – und diese Mixtur ist nicht zum Wohle des Lesers oder Zuhörers. Lochs Texte verweisen also auf bis heute ungelöste Aufgaben sehr viel mehr, als daß sie den Leser mit Überholtem ermüdeten. Tatsächlich Ungelöstes und Rätselhaftes als solches offen stehen zu lassen, war auch eine Fähigkeit Freuds, und nicht zuletzt diese Eigenschaft macht seine Texte ja bis heute interessant. Lochs Denken war also sicherlich nicht schematisch, und da fasziniert er ja bis heute und läßt vielleicht diejenigen wehmütig werden, die seine Vorlesungen nicht gehört haben. Als Ersatz bieten sich lediglich seine Veröffentlichungen an, von denen einige in dem Büchlein als Literaturangaben zu finden sind.

Anna E. Landis (Holzgerlingen)

Zur Rezension angebotene Bücher

Froese, M. J. u. Seidler, Chr. (Hrsg.): *Leben im Übergang*. Reihe Psychoanalyse in Ostberlin, Band 2. Berlin: edition bodoni, 2002, 115 S.

Seider, Chr., Benkenstein, H. u. Heyne, S. (Hrsg.): *Kunst und Technik der Gruppenpsychotherapie. Deuten, Antworten, Intendieren*. Berlin: edition bodoni, 2002, 171 S.

Hassoun, J.: *Schmuggelpfade der Erinnerung*. Frankfurt/Basel: Stroemfeld, 2002, ca. 140 S.

Ludwig, K.: *Leitmotive systemischer Therapie*. Stuttgart: Klett-Cotta, 2002, ca. 220 S.

Rauchfleisch, U., Frossard, J., Waser, G., Wiesendanger, K., Roth, W. : *Gleich und doch anders. Psychotherapie und Beratung von Lesben, Schwulen, Bisexuellen und ihren Angehörigen*. Stuttgart: Klett-Cotta, 2002, ca. 230 S.

König, K.: *Fallstricke in der psychoanalytischen Praxis*. Stuttgart: Klett-Cotta, 2002, ca. 220 S.

Langmaack, B.: *Ruhestand. Annehmen – gestalten – leben*. Stuttgart: Klett-Cotta, 2002, ca. 160 S.

Morton. I.: *Die Würde wahren. Personzentrierte Ansätze in der Betreuung von Menschen mit Demenz*. Stuttgart: Klett-Cotta, 2002, ca. 220 S.

Hölcher, Chr.: *Die Rolle des Wissens im Internet. Gezielt suchen und auswählen*. Stuttgart: Klett-Cotta, 2002, ca. 272 S.

Voigt, H.: *Die verkopfte Schule. Kleine Schritte zu einer anderen Schule*. Stuttgart: Klett-Cotta, 2002, ca. 192 S.

Glier, B.: *Chronischen Schmerz bewältigen. Verhaltenstherapeutische Schmerzbehandlung*. Leben lernen 153, Stuttgart: Pfeiffer bei Klett-Cotta, 2002, ca. 240 S.

Heisterkamp, G.: *Basales Verstehen. Handlungsdialoge in Psychotherapie und Psychoanalyse*. Leben lernen 154. Stuttgart: Pfeiffer bei Klett-Cotta, 2002, ca. 240 S.

Stumm, G., Wiltschko, J. u. Keil, W.: *Grundbegriffe der Personzentrierten und Focusing-orientierten Psychotherapie und Beratung*. Leben lernen 155. Stuttgart: Pfeiffer bei Klett-Cotta, 2002, ca. 420 S.

Scholz, W.-U.: *Neuere Strömungen und Ansätze in der Kognitiven Verhaltenstherapie. Konzepte – Methoden – Beispiele*. Leben lernen 156. Stuttgart: Pfeiffer bei Klett-Cotta, 2002, ca. 320 S.

Schmeer, G.: *Heilende Bäume. Baumbilder in der psychotherapeutischen Praxis*. Leben lernen 70. Stuttgart: Pfeiffer bei Klett-Cotta, 2002, ca. 214 S.

Vorankündigung auf Heft 1/2003

Michel Soulé schreibt über die Mutter, die genügend strickt, *Joseph Ludin* über den Neid, wir haben eine Arbeit vom 1999 verstorbenen *Didier Anzieu* über das Haut-Ich aufgenommen sowie einen Text von *Danielle Quinodoz*, der sich mit dem Wunsch nach einer Analyse befaßt. *Susann Heenen-Wolff* widmet sich dem Konzept des Todestriebs. Einige Buchrezensionen bilden den Abschluß des Heftes.

Die Autoren dieses Heftes

Dr. Christel Böhme-Bloem, Nervenärztin und Ärztin für psychotherapeutische Medizin. Viele Jahre Kliniktätigkeit. Dozentin und Lehr- und Kontrollanalytikerin der DGPT am John-Rittmeister-Institut in Kiel. Veröffentlichungen zur angewandten Psychoanalyse, zur Entwicklungspsychologie und zu Fragen der Symbolisierung.

Josef Dantlgraber, geb. 1945, Dr. phil., Dipl.-Psych., Psychoanalytiker in eigener Praxis, Lehranalytiker der DPV/IPA. Veröffentlichungen zur Theorie und Technik der Psychoanalyse.

PD Dr. phil. Benigna Gerisch, Diplom-Psychologin, Psychologische Psychotherapeutin, Familientherapeutin, Psychoanalytikerin (DPV/IPA, DGPT). Seit 1990 tätig als Psychotherapeutin und wissenschaftliche Mitarbeiterin am Therapiezentrum für Suizidgefährdete am Universitätsklinikum Hamburg Eppendorf und als Psychoanalytikerin in privater Praxis. Zahlreiche Veröffentlichungen u.a. zur Wissenschaftstheorie und Klinik der Suizidalität von Frauen.

Sebastian Hartmann, Dr. med., Oberarzt am Institut für Psychoanalyse, Psychotherapie und Psychosomatische Medizin der Universitätskliniken des Saarlandes, Facharzt für Psychiatrie, Facharzt für Psychotherapeutische Medizin, in psychoanalytischer Weiterbildung; Zahlreiche Veröffentlichungen über psychodynamische Aspekte bei psychiatrischen Krankheitsbildern, erkenntnistheoretische Fragen in der Psychoanalyse, sozialpsychologische und psycholinguistische Publikationen.

Eglé Laufer, Lehranalytikerin der British Psychoanalytic Society, Beratungspsychoanalytikerin des Brent Adolescent Centre, Ko-Autorin von Moses Laufer: »Adolescence and developmental breakdown« sowie Mitherausgeberin von Moses Laufer: »Developmental Breakdown and psychoanalytic treatment in adolescence«.

Owen Renik, geb. 1942, Prof. Dr. med., stellvertretender Leiter der Psychiatrischen Abteilung des Mount Zion Krankenhauses San Francisco. Lehranalytiker des San Francisco Psychoanalytic Institute. Zahlreiche Publikationen zu behandlungstechnischen und klinischen Fragen.

Peter Wegner, geb. 1952, Dipl.-Psych., Dr. rer. soc., Lehranalytiker der DPV/IPV. 1982 bis 1995 wissenschaftlicher Mitarbeiter der Abteilung für Psychoanalyse, Psychotherapie und Psychosomatik der Universität Tübingen. Seither niedergelassen in freier Praxis in Tübingen. Veröffentlichungen zu behandlungstechnischen Themen der Psychoanalyse.

Judith Zepf, Soz. päd. grad. M.A., niedergelassene analytische Kinder- und Jugendlichenpsychotherapeutin.

Siegfried Zepf, Prof. Dr. med., Direktor des Instituts fur Psychoanalyse, Psychotherapie und Psychosomatische Medizin der Universitätskliniken des Saarlandes, Facharzt für Innere und Psychotherapeutische Medizin, Lehranalytiker (DPG, DGPT). Zahlreiche Zeitschriften- und Buchpublikationen zu psychosomatischen und psychoanalytischen Themen.

Hinweise für Autoren

Urheber- und Verlagsrecht: Mit der Einsendung eines Manuskriptes an die Redaktion der »Zeitschrift für psychoanalytische Theorie und Praxis« bestätigt die Autorin/der Autor, daß sie/er das alleinige Urheberrecht daran besitzt und es als Ganzes oder in Auszügen bisher weder publiziert noch an anderer Stelle zur Veröffentlichung angeboten hat. Mit dem Manuskript übergibt die Autorin/der Autor dem Stroemfeld Verlag für die Dauer der gesetzlichen Urheberschutzfrist das ausschließliche Verlagsrecht daran.
Manuskripteinsendung: Artikel sind zu senden an Bettina Reiter, Kupelwiesergasse 19, A-1130 Wien; Betty Raguse, Birsigstraße 139, CH-4054 Basel; Erika Kittler, Holbeinstraße 34, D-79100 Freiburg, möglichst auf Diskette mit Ausdruck im Word-Format bzw. per e-mail an: bettina.reiter@netway.at und erikakittler@t-online.de. Die Manuskripte werden von der Redaktion und dem Lektorat bis zum Druck betreut. Eine Fahnenkorrektur durch die Autoren ist aus produktionstechnischen Gründen nur dann möglich, wenn dies bei der Manuskriptabgabe eigens vereinbart wird. Bücher zur Besprechung sind von Bettina Reiter anzufordern.

Redaktionsschluß

Bitte beachten Sie bei der Einreichung der Manuskripte die jeweiligen Termine:
Heft 1 – 15. Oktober des Vorjahres
Heft 2 – 15. Januar
Heft 3 – 15. April
Heft 4 – 15. Juli

Manuskriptgestaltung

Umfang: Artikel sollten 25 DIN A4-Seiten (40 Zeilen, 70 Anschläge) nicht überschreiten.
Layout: Der Text ist ohne Zeilenumbruch und lediglich mit Absatzmarkierungen zu gestalten. Überschriften bitte nicht in Großbuchstaben. Vor und nach jeder Überschrift ist eine Leerzeile einzufügen. Hervorhebungen im Text sind zu unterstreichen und erscheinen im Druck kursiv. Trennungen, Graphiken, Tabellen und Abbildungen sind möglichst zu vermeiden.
Zitate im Text sind auf genaue Wiedergabe zu prüfen. Einfügungen sind durch eckige Klammern [ ], Kursivierung im Original durch Unterstreichung der betreffenden Wörter, Hervorhebungen durch den Autor durch Unterstreichung und den Zusatz (Kursiv, v. Verf.) am Ende des Zitatbelegs und Auslassungen durch drei Pünktchen [...] zu kennzeichnen.
Literaturangaben im Text sind durch den Nachnamen des Autors und das Jahr der Erstveröffentlichung, z.B. (Roe, 1983), Zitate zusätzlich durch die genaue Seitenangabe zu belegen (dies gilt auch für Zitate aus einer rezensierten Arbeit), z.B. (Roe, 1983, S. 10-15), verschiedene Autoren gleichen Nachnamens durch Hinzufügung des/der abgekürzten Vornamen(s) zu kennzeichnen, z.B. Freud, S. und Freud, A. Wenn auf zwei Co-Autoren verwiesen wird, sind beide Namen zu erwähnen, z.B. (Roe & Daniels, 1984), bei mehr als zwei Co-Autoren schreibt man (Roe et al., 1984).
Anmerkungen sind auf das Notwendigste zu beschränken und sollen nicht als Literaturangaben dienen. Sie werden mit hochgestellten Ziffern fortlaufend numeriert und erscheinen im Druck als Fußnoten.
Abstract: Jedem Artikel ist eine Zusammenfassung von höchstens 300 Wörtern in deutscher und englischer Sprache anzufügen.

Literaturverzeichnis

Reihenfolge: Die Literaturangaben zu den Zitaten sind nach der Zusammenfassung am Ende des Artikels vollständig aufzuführen; die Namen der Autoren werden in alphabetischer Reihenfolge, mehrere Titel eines Autors in der chronologischen Folge ihrer Ersterscheinungsjahre (bei mehreren Werken eines Autors aus demselben Erscheinungsjahr mit a, b, c usw. versehen) aufgelistet. Werden sowohl Arbeiten aufgeführt, die ein Verfasser allein veröffentlicht hat, als auch Werke, deren Co-Autor er ist, werden die allein publizierten Arbeiten zuerst genannt. Sofern von nicht in deutscher Sprache erschienenen Originalarbeiten Übersetzungen ins Deutsche vorliegen, sollten diese ebenfalls erwähnt werden.

Monographien sind wie in folgendem Beispiel aufzuführen:

Benjamin, J. (1988): *The bonds of love. Psychoanalysis, Feminism, and the Problem of Domination.* New York: Pantheon. dt.: (1990): *Die Fesseln der Liebe. Psychoanalyse, Feminismus und das Problem der Macht.* Frankfurt am Main/Basel: Stroemfeld

In Büchern veröffentlichte Aufsätze sind wie in folgendem Beispiel aufzuführen:

Benjamin, J. (1993): »Wer hörte mich denn von den Engeln?« Erotik, Idealisierung und intersubjektiver Raum in der Übertragungsbeziehung. In: Benjamin, J.: *Phantasie und Geschlecht. Studien über Idealisierung, Anerkennung und Differenz.* Frankfurt am Main/Basel: Stroemfeld, 115-139

In Zeitschriften veröffentlichte Artikel sind wie in folgendem Beispiel aufzuführen:

Benjamin, J. (1990): An Outline of Intersubjectivity. The Development of Recognition. *Psychoanalytic Psychology*, 7, suppl., 33-46

Sigmund Freud: Die Jahresangaben seiner Publikationen sind der *Freud-Bibliographie mit Werkkonkordanz*, Frankfurt: S. Fischer 1989, zu entnehmen. Als Herkunftsangabe aus den *Gesammelten Werken* genügt die Angabe GW, Bandnummer, Seitenangaben.

Beispiele:

Freud, S. (1905d): Drei Abhandlungen zur Sexualtheorie, GW, 5, 33-145
– (1916/1917): *Vorlesungen zur Einführung in die Psychoanalyse*, GW, 10
– (1919a [1918]): Wege der psychoanalytischen Therapie, GW, 12, 183-194

Hinweise für Verlage und Veranstalter

Bitte senden Sie *Hinweise auf Veranstaltungen, Verlagsankündigungen und Rezensionsexemplare* an die Redaktionsadresse:
Bettina Reiter, Kupelwiesergasse 19, A-1130 Wien., Tel./Fax: 01 879 42 65
bettina.reiter@netway.at
und nicht mehr an Sibylle Drews!

Jahresinhalt XVII, 2002

Buchbesprechungen

SIGMUND FREUD TAGEBUCH 1929-1939

KÜRZESTE CHRONIK

Sigmund Freud: Tagebuch 1929-1939
hrsg. von Michael Molnar, übersetzt von Christfried Tögel unter Mitarbeit von Michael Giefer, Beate Schuh u.a.
520 S., Faksimiles, Großformat, geb., Fadenheftung, über 200 z.T. bisher unveröffentlichte Abb.
ISBN 3-87877-481-8

»Molnar verfolgt das Konzept einer Anti-Biographik, die nicht die Lücken zwischen den nüchtern aufgezeichneten *faits divers* mit Legenden stopft, sondern die Einträge an die Ökonomie des Freudschen Haushaltes knüpft, wie sie aus den im Museum aufbewahrten Gegenständen und Quellen hervortritt. Dieses intelligent konzipierte und präzis gearbeitete Buch gewinnt so, in schöner Ausstattung und reich bebildert, den Rang einer einzigartigen Enzyklopädie zu Freuds letztem Lebensabschnitt.«

Andreas Mayer, Falter

»...dieses Buch ist das schönste Freud-Buch, das ich kenne. Zuallererst ist hier die editorische und ästhetische Sorgfalt anzuführen, die diesem Manuskript von 20 Seiten zuteilgeworden ist. Es ist genauso behandelt worden, als wäre es eine Handschrift von Friedrich Hölderlin oder Heinrich von Kleist, deren Werkausgaben ja den Ruhm des Verlages sicher begründet haben: Zunächst kann jeder Leser das Faksimile des Originals einsehen und wird parallel mit einer Transkription versorgt, deren verschiedene Druckschriftarten verschiedene Schreibweisen bei Freud markieren...Molnar machte sich auf die Spurensuche und rekonstruierte die Bedeutung aller Eintragungen, suchte und fand dazu passendes Fotomaterial, konnte Freuds Antiquitäten zuordnen...und sammelte auf diese Weise so viel Material zusammen, daß wir nun dieses wunderschöne, prallvolle Bilder- und Geschichtenbuch...vor uns liegen haben.«

Bettina Reiter, Bulletin

Stroemfeld Verlag

Günter Heisterkamp
Basales Verstehen
Handlungsdialoge in Psychotherapie und Psychoanalyse
272 Seiten, broschiert
€ 22,– (D)/sFr 38,10
ISBN 3-608-89706-2

Psychoanalytische Therapie ist mehr als Austausch von Worten und Gedanken. Basal, unmittelbar wirksam und nachhaltig sind »nicht-sprachliche« Mitteilungen.

Der Autor entfaltet in diesem Buch behandlungstechnisch fundiert und in vielen Praxisbeispielen den vielleicht wichtigsten Wirkfaktor, der bisher wenig Beachtung gefunden hat: die nicht-sprachliche Interaktion zwischen Therapeut und Patient, die sowohl die Kommunikationsformen von Mimik, Körpersprache und Stimmklang umfasst als auch atmosphärische Aspekte in der psychotherapeutischen Situation. Besonderes Augenmerk liegt auf den Enactments als Formen wechselseitiger Be-Handlung im psychotherapeutischen Dialog.

Luise Reddemann
Imagination als heilsame Kraft
Zur Behandlung von Traumafolgen mit ressourcenorientierten Verfahren
7. Auflage 2002.
215 Seiten und 16 Seiten farbiger Tafelteil, broschiert
€ 22,50 (D)/sFr 38,90
ISBN 3-608-89708-9

»Luise Reddemann versteht ihr Buch als einen Bericht aus der Werkstatt. Praxisnahe Beispiele regen zu einem ressourcenorientierten Ansatz an. Sie schreibt mit Herz, Verstand und Respekt für PatientInnen und für KollegInnen, die an Traumafolgen arbeiten. Für TherapeutInnen und PatientInnen gleichermaßen wertvoll – und unverzichtbar!«
Donna Vita

»Eine ermutigende Orientierungshilfe für Betroffene und Interessierte, für alle, die beruflich mit Traumatisierten zu tun haben.«
D. v. Drigalski, Hamburger Ärzteblatt

pfeiffer
bei Klett-Cotta
www.klett-cotta.de